Achim Dittrich

Die Apokalyptische Frau in marianischer Deutung

Zeugnisse aus Kunst und Theologie

Achim Dittrich

Die Apokalyptische Frau

in marianischer Deutung

Zeugnisse aus Kunst und Theologie

1. Auflage 2022

Hauptstr. 22, D-88353 Kisslegg-Immenried • www.fe-medien.de

Satz und Layout: Renate Geisler

Titelbild: Matutinalbuch von Scheyern, Staatsbibliothek München (Clm 1740l, fol 14r)

Druck: orthdruk, Bialystok, Polen

ISBN: 978-3-7171-1354-6

Inhaltsverzeichnis

Einführung

Das bekannte Marienlied: „Sagt an, wer ist doch diese“, schildert die Gottesmutter nicht nur als Morgenstern, als *Stella matutina*: „die vor dem Tag aufgeht“; es fährt fort: „Geziert mit Mond und Sternen, im Sonnenglanz erhöht“.[1] Diese kosmische Symbolik wird bereits im Hohelied des Alten Testaments verwendet, im Lobpreis der Braut: *Wer ist, die da erscheint wie das Morgenrot, wie der Mond so schön, strahlend rein wie die Sonne? (Hld 6,10).* Das Marienlied kombiniert diese bildreiche Stelle mit dem ähnlichen Motiv der *Mulier amicta sole*, der mit der Sonne bekleideten Frau aus der Offenbarung des Johannes, wo nicht theologisch gedeutete Liebeslyrik, sondern visionäre Himmelszeichen vorgestellt werden. Die christliche Kunst hat mit Vorliebe das *Signum magnum*, die „Sonnenfrau“ der Apokalypse (Offb 12) dargestellt, in ekklesialer und marianischer Deutung.

Beide Texte sind außergewöhnlich im biblischen Kanon,[2] doch *Offb 12* hat als zentrales Kapitel des finalen Buches der Bibel in der darstellenden Kunst des lateinischen Westens eine unübersehbare marianische Blüte erlebt. Während die ersten Buchmalereien im Frühmittelalter noch eng am biblischen Text eine unspezifische Frauengestalt zeigen, wird im Hoch- und Spätmittelalter die Darstellung der sog. Apokalyptischen Frau zunehmend marianisch.

Die Johannes-Offenbarung gibt himmlische Visionen wieder und schildert in ihrer Mitte (Kap. 12) ein großes Zeichen am Himmel, eine schwangere Frau in Konfrontation mit einem Drachen, wobei reale Geschichte und himmlisches Geschehen ineinander verwoben sind. Diese herausragende Vision gewinnt „ihre Farbigkeit durch die Schilderung der strahlenden, lichtumfluteten Frau und des kontrastierenden, unheimlichen Drachens. So einprägsam diese Vorstellung auch ist, so wenig faßbar ist ihre Bedeutung“, so Friedhelm Hofmann, der kunstsinnige ehemalige Bischof von Würzburg.[3]

Die Exegese betont, dass der Autor der Johannes-Offenbarung mit der symbolischen Frauengestalt das Volk Gottes meint, doch ist es sehr verständlich, dass schon ab dem dritten Jahrhundert vereinzelt die Mutter Jesu mit der Apokalyptischen Frau verbunden wurde – die Geburt des Kindes, das als himmlisch ermächtigter König die Welt mit eisernem Zepter beherrschen würde, legte es nahe, im Kind Jesus und in der Mutter Maria zu sehen. So kann der Benediktinermönch Berengaudus von Ferrières in der Frauengestalt am Himmel sowohl die personifizierte Kirche als auch die Mutter Christi erkennen, weswegen er Maria als „Mutter der Kirche" anspricht.[4]

Ab dem Spätmittelalter dominiert die betont marianische Betrachtung der Apokalyptischen Frau in Frömmigkeit und Kunst; es werden Maria deren Attribute zugelegt: der Mond zu Füßen, die Sterne um das Haupt und der Strahlenkranz um die Gesamtgestalt. Seit der Gotik gehören diese kosmischen Attribute zur Ikonographie der Mariendarstellung, als Mondsichel- oder Strahlenkranzmadonna.

„Der heilige Johannes Baptist auf Patmos" (Hans Baldung, ca. 1511, 89,5 x 76,8 cm, Öl auf Holz, Metropolitan Museum of Art, New York)

So finden sich um 1500 in illustrierten Drucken und auf Gemälden klar marianische Interpretationen von *Offb 12*, so z. B. von Hans Baldung 1511, der den Seher von Patmos mit dem himmlischen *Signum Magnum* präsentiert, das als Gottesmutter Maria mit Jesuskind dargestellt wird. Ähnlich hat es dessen Lehrer Albrecht Dürer in Nürnberg auf dem Frontispiz seiner berühmten Apokalypse dargestellt.[5]

Im Barock und Rokoko feiern die modifizierten Darstellungstypen der *Patrona Bavariae*, der *Immaculata* oder auch der *Maria de Victoria* im katholischen Europa ihre Hochzeit, ergänzt um Herrschaftsinsignien (Krone, Reichsapfel, Zepter) und Motive aus Genesis III (Schlange). Ab der Mitte des 19. Jahrhunderts verschwinden die Attribute und Insignien – Maria wird zur verinnerlichten Solitärgestalt, besonders im Kontext der Marienerscheinungen von Lourdes und Fátima. Der barocke Typus bleibt jedoch präsent und wird kopiert, auch in Einzelmomenten, so zum Beispiel bei der Flagge der Europäischen Union, deren Sternenring auf blauem Grund von einer Madonna mit Sternenkranz herrührt.[6]

Goldene Madonna vor blauem Himmel (www.kirche-im-wdr.de)

Zu Beginn des 20. Jahrhunderts konnte der hl. Papst Pius X. noch in einer Marienenzyklika hinsichtlich der Apokalyptischen Frau ausrufen: „Jeder aber weiß, daß dieses Weib niemand anderen bedeutet als Maria, die als unversehrte Jungfrau Christus, unser Haupt geboren" hat (Ad diem illum, 1904).[7] Und Papst Pius XII. erwähnt in der Dogmatisierungsbulle „Munificentissimus Deus" (1950), in welcher die Aufnahme Mariens in den Himmel definiert wird: So „haben scholastische Lehrer nicht nur in den verschiedensten Gestalten des Alten Testamentes, sondern auch in jener Frau mit der Sonne umkleidet …, die Aufnahme der Gottesgebärerin und Jungfrau bezeichnet gesehen".[8]

Während der Europäische Rat 1955 mit einem marianischen Motiv seine Einheit symbolisieren konnte, schweigt das Zweite Vatikanische Konzil zur traditionell-marianischen Deutung der apokalyptischen Frau, indem es im Marienkapitel seiner Kirchenkonstitution „Lumen Gentium" (VIII) bei der Betrachtung des biblischen Zeugnisses für die Mutter Jesu klassische alttestamentliche Stellen: *Hld 6,10* und *Offb 12,1-5*, auslässt. Die rationalistische Exegese hemmte die Konzilsväter, einer in der Spätantike beginnenden Deutungstradition Anerkennung zu gewähren – diese Episode des 20. Jahrhunderts kann weder die Geschichte allegorischer Bibelauslegung seit der Väterzeit noch die künstlerischen Zeugnisse des zweiten nachchristlichen Jahrtausends vergessen machen, wonach in der Apokalyptischen Frau der Johannes-Offenbarung ebenso die Gottesmutter gesehen werden kann, weshalb eine Mariendarstellung mit den Attributen aus *Offb 12* legitim ist.

Der hl. Papst Paul VI. beeilte sich, das Versäumnis des Konzils auszugleichen: Er proklamierte nicht nur Maria als „Mutter der Kirche" (1964),[9] sondern benannte eine ganze Enzyklika – veröffentlicht anlässlich des 50. Jahrestages der ersten Erscheinung von Fátima – nach *Offb 12,1*: „Signum Magnum" (13.5.1967); die Enzyklika, die besonders auf das Verhältnis Mariens zur Kirche und den Mater-Ecclesiae-Titel eingeht, stellt gleich zu Beginn fest: „Das Große Zeichen, das der heilige Apostel Johannes am Himmel sah, die Frau, von der Sonne umkleidet, wird von der Liturgie der katholischen Kirche zurecht gedeutet als die Allerseligste Jungfrau, die, aufgrund der Gnade Christi, die Mutter aller Menschen ist".[10] In der postkonziliaren Leseordnung findet sich die Passage *Offb 11,19a.12,1-17* prominent als Erste Lesung am Hochfest „Aufnahme Mariens in den Himmel" (15.8., Am Tag) sowie für die bayerischen Diözesen als Erste Lesung zum Hochfest „Maria, Patronin des Landes Bayern" (1.5.).

Der heilige Papst Johannes Paul II. legt in seiner Marienenzyklika „Redemptoris mater" (1987) dar: Durch das Band zwischen Maria und der Kirche „erklärt sich besser das Geheimnis jener ‚Frau', die von den ersten Kapiteln des Buches Genesis bis zur Apokalypse die Offenbarung des Heilsplanes Gottes für die Menschen begleitet. [...] Durch diese ihre kirchliche Identifizierung mit der ‚Frau, mit der Sonne bekleidet' (Offb 12,1) kann man sagen, daß ‚die Kirche in der seligsten Jungfrau schon zur Vollendung gelangt ... ist' (LG 65)" (RM 47).[11]

Kirche und Maria gehören eng zusammen, so dass die marianische Deutung der Apokalyptischen Frau diese ekklesiale Symbolgestalt historisch konkretisiert und theologisch finalisiert: Maria ist die Erfüllung Israels, Maria personifiziert die Kirche Christi und kann sogar als deren Mutter angesprochen werden.

Im Folgenden soll die marianische Interpretation von *Offb 12* exegetisch und theologisch betrachtet werden, im Hinblick auf namhafte Autoren des 20. und 21. Jahrhunderts sowie von Papst Benedikt XVI. Im weiteren soll ein kunsthistorischer Überblick über die künstlerische Gestaltung der Apokalyptischen Frau besonders im zweiten Jahrtausend gegeben werden.

Exegese und Theologie

Die Johannes-Offenbarung stellt gegenüber den vier Evangelien, der Apostelgeschichte und den 21 Briefen die einzige prophetisch-apokalyptische Schrift des Neuen Testamentes dar, wie es im vierten Jahrhundert endgültig kanonisiert und durch den Codex Sinaiticus sowie Codex Alexandrinus überliefert worden ist.[12] Das apokalyptische Buch wurde als letztes in den Kanon der neutestamentlichen Schriften übernommen – im Westen war es bereits im zweiten Jahrhundert kanonisch verzeichnet, im griechischen Osten dauerte es bis ins vierte Jahrhundert, dass der Text als kanonisch anerkannt wurde.

Obwohl als „Buch mit sieben Siegeln“ von der heutigen Pastoral gerne ignoriert, erscheinen immer wieder exegetische und kunstwissenschaftliche Werke zur Johannes-Offenbarung und ihrer Wirkungsgeschichte, in jüngerer Zeit neben Fachtagungsberichten herausragend der zweibändige Kommentar des Heidelberger Exegeten Klaus Berger (+ 2020).[13] Hans-Urs von Balthasar nennt sie das „Buch des Lammes“, denn Christus als „siegreiches Opferlamm“ stellt das durchgängige Zentralmotiv der 22 Kapitel dar.[14] Strukturell findet sich im zwölften Kapitel die Mitte der Apokalypse, ja sogar eine Miniatur des Ganzen, wie Felise Tavo schreibt: „the whole apocalypse in miniature“.[15]

Der Text des zwölften Kapitels der Johannes-Offenbarung (Offb 12,1-18; aus dem griechischen Originaltext; Übersetzung: Klaus Berger 2017)[16]

1Da erschien ein großes Zeichen am Himmel: eine Frau, bekleidet mit der
Sonne, den Mond unter ihren Füßen, um ihr Haupt einen Kranz von zwölf
Sternen. 2Sie war schwanger und schrie vor Schmerz, von Wehen gepei-
nigt. 3Dann erschien ein zweites Zeichen am Himmel: ein großer, feuriger
Drache mit sieben Köpfen, darauf sieben Kronen und zehn Hörner. 4Mit

seinem Schwanz fegte er ein Drittel der Sterne vom Himmel auf die Erde.
Der Drache blieb gegenüber der Frau stehen, die bald gebären sollte, denn
er wollte das Neugeborene gleich nach der Geburt verschlingen. [5]Die Frau
gebar einen Sohn, der alle Völker weiden wird mit eisernem Stab. Das
Kind wurde zu Gottes Thron entrückt, [6]die Frau aber floh in die Wüste,
wo Gott einen Ort für sie vorbereitet hatte, an dem sie 1260 Tage versorgt
werden konnte. [7]Im Himmel gab es Krieg: Michael und seine Engel kämp-
fen gegen den Drachen, der ebenfalls mit Hilfe seiner Engel Krieg führte.
[8]Doch bald verließen ihn seine Kräfte, so dass er und seine Engel sich nicht
mehr am Himmel halten konnten. [9]So wurde der große Drache – das ist
die Schlange der Urgeschichte, auch Satan oder Teufel genannt – mitsamt
seinen Engeln auf die Erde geworfen.

[10]Und ich hörte eine laute Stimme im Himmel sagen: „Jetzt ist die Zeit
der Erlösung und die Herrschaft unseres Gottes und seines Messias ange-
brochen. Denn der Ankläger, der unsere Brüder Tag und Nacht vor Gott
im Himmel verklagt hat, wurde hinausgeworfen. [11]Unsere Brüder haben
den Ankläger besiegt durch das Blut des Lammes. Sie haben durch ihr Be-
kenntnis Zeugnis abgelegt, ihr irdisches Leben geringgeschätzt und den Tod
verachtet. [12]Daher freut euch, ihr Himmel und alle, die darin wohnen. Aber
wehe der Erde und dem Meer. Denn zu euch ist der Teufel herabgekommen,
und er schnaubt vor Wut, weil er weiß, dass seine Zeit knapp bemessen ist.“

[13]Als der Drache sah, dass er auf die Erde geworfen worden war, be-
gann er die Frau zu verfolgen, die den Sohn geboren hatte. [14]Aber der Frau
wurden die beiden Flügel des großen Adlers geliehen, damit sie zu dem
Ort in der Wüste fliegen konnte, wo sie in Sicherheit vor dem Drachen
1260 Tage lang versorgt werden sollte. [15]Der Drache aber stieß aus seinem
Maul einen Wasserschwall hinter der Frau her, um sie hinwegzuschwem-
men. [16]Da kam die Erde der Frau zu Hilfe. Sie öffnete ihren Schlund und
verschluckte den Wasserschwall, den der Drache aus seinem Maul gesto-
ßen hatte. [17]Der Drache tobte vor Wut über die Frau und erklärte ihren
übrigen Kindern, die Gottes Gebote hielten und das Zeugnis gern bewahr-
ten, den Krieg. [18]Am Ufer des Meeres machte der Drache halt.

Zu ergänzen ist der Vers *Offb 11,19*, der inhaltlich zum anschließenden zwölften Kapitel gehört[17]: „Der Tempel Gottes im Himmel wurde geöffnet, und in seinem Tempel wurde die Lade seines Bundes sichtbar". Zurecht wird bei der liturgischen Verwendung von *Offb 12* dieser wichtige vorgängige Vers hinzugenommen – inhaltlich gibt es zwischen den Motiven „Bundeslade" und „himmlische Frau" eine Verbindung, die nicht nachträglich appliziert ist.[18] Die Lauretanische Litanei nennt Maria die „Bundeslade Gottes"!

Die Vertreter einer rationalistischen Exegese, die eine kanonische bzw. allegorische Auslegung der Bibeltexte ablehnen, betonen, wie z. B. Felise Tavo, dass in der Sonnenfrau ausschließlich das Volk Israel gemeint sei, nicht einmal die Kirche Jesu Christi, was seltsam anmutet, steht doch Christus und der Heilige Rest, das neue Gottesvolk im Fokus des Textes.[19] Was die Abfassung angeht, die Frage nach Autor und Zeit, so reichen die Überlegungen von Kaiser Nero (60er Jahre des 1. Jahrhunderts) bis hin zur Verfolgungszeit unter Kaiser Domitian oder gar Hadrian (1. Hälfte des 2. Jahrhunderts); einig sind sich in den letzten 50 Jahren fast alle Exegeten, dass die Autoren von Apokalypse und Evangelium des Johannes keinesfalls identisch seien, wegen der klaren Unterscheidbarkeit von Stil und theologischer Struktur.

Die Tradition hatte bis in die 1960er Jahre keine Probleme gehabt, im Visionär von Patmos jenen Apostel Johannes zu sehen, nach dem das vierte Evangelium benannt ist. Mit Sicherheit kann man sagen, dass der Autor der Apokalypse jüdischer Herkunft war, bestens mit der Geschichte und den heiligen Schriften Israels vertraut, diese heilsgeschichtlich aufgreifend und im Sinne des Neuen Bundes weiterführend; die sieben Sendschreiben verorten ihn in seinem Wirken in Kleinasien; doch kennt er sich mit Jerusalem und dem Tempel aus.

Der Autor der Apokalypse war eine anerkannte Autorität, für einige Zeit zurückgezogen auf der Insel Patmos; als Exilant wirkt er als Botschafter Gottes, als Visionär mit dem Anspruch, Gottes Wort widerzugeben. Die Aufnahme dieser durchaus umstrittenen Schrift in den Kanon des Neuen Testaments zeigt das große Gewicht jenes Johannes in der frühen Kirche. Wer, außer einem Apostel, hätte in den ersten 100 Jahren solch eine Autorität erlangen können? Und verortet die Tradition den Apostel nach dem Apostelkonzil nicht in Kleinasien, mit Schwerpunkt in Ephesos?

Gewiss sind Stil und Akzentuierung von Johannes-Offenbarung und Corpus Johanneum (Evangelium und Johannesbriefe) klar unterschieden, aber sie haben Gemeinsamkeiten: Sie bewegen sich im gleichen heilsgeschichtlich orientierten Rahmen und betonen kosmologische Momente. Beide deuten Christus als geschichtsumgreifende Gestalt (Alpha-Omega). Im Johannes-Prolog sowie den hymnischen Versen und Abschnitten in der Apokalypse kann man ebenso eine Gemeinsamkeit erkennen. Die Motive Glaubwürdigkeit, Wahrheit und Liebe sind beiden Schriften sehr wichtig.[20]

Wenn es auch unbeweisbar bleiben wird, so möchte ich doch der Tradition vertrauen, die das vierte Evangelium und die Apokalypse dem Apostel Johannes zuschreiben. Er war der jüngste der Apostel Jesu und erreichte nach patristischer Tradition ein hohes Alter, ist nicht als Märtyrer vorzeitig gestorben. Wäre es nicht möglich, dass Johannes auf Patmos seine himmlischen Visionen selbst aufgeschrieben bzw. diktiert hat, angesichts der römischen Verfolgungen zu Zeiten des Despoten Nero? Und das vierte Evangelium, das ganz offensichtlich einen ergänzenden und vertiefenden Charakter gegenüber den anderen Evangelien hat – es könnte im letzten Viertel des ersten Jahrhunderts von den Schülern des Johannes nach dessen mündlichen Äußerungen zusammengestellt worden sein – es scheint perspektivisch, obwohl Einzelmomente wie aus erster Hand darbietend, einen zeitlich größeren Abstand zum Christusereignis zu haben als die Offenbarung des Johannes.[21]

Es bleibt festzuhalten: Evangelium und Offenbarung des Johannes stammen nicht aus der gleichen Feder, könnten aber durchaus als Texte des ersten Jahrhunderts auf den Apostel Johannes zurückgehen. Markant ist das jüdische Gepräge der Johannes-Offenbarung, die stark aus alttestamentarischen Motiven gestrickt ist, eine gewisse Nähe zum Propheten Ezechiel und Daniel aufweist.

Die Johannes-Offenbarung ist ein christlicher Text, jedoch in eindeutig judenchristlichem Kontext entstanden – deswegen verwundert es, wenn sogar katholische Exegeten seit Mitte des 20. Jahrhunderts meinen, eine marianische Aussage-Absicht von *Offb 12* ausschließen zu müssen, so z. B. Otto Knoch 1984: „An Maria hat der Verfasser der Offenbarung ursprünglich nicht gedacht. Eine solche Deutung kann erst dann hergestellt werden, wenn das Buch der Offenbarung eingefügt wird in den Kanon des Neuen und Alten Testaments. Dann ergeben sich Beziehungen zu den marianischen Aussagen über ‚die Frau', die Jesu Mutter war (Joh 2,5; 19,26f), zu den Aussagen des Matthäusevangeliums über die Verfolgung von Mutter und Kind durch Herodes und die Flucht nach Ägypten (Mt 2,1-23) und auch eine Verbindung zwischen Maria und Eva (Gen 3,14f.). Diese Beziehungen verweisen auf einen sog. geistlichen Tiefensinn, sind aber, vom Verfasser her gesehen, sekundär und können vom ursprünglichen Sinn her nicht als prophetische Aussage der Apokalypse des Johannes über die kirchengeschichtliche und die eschatologische Funktion Marias, der in den Himmel aufgenommenen Mutter Jesu, gedeutet werden".[22] – Dem ist zu widersprechen, denn *Offb* ist als christlicher Text verfasst und nicht erst durch die Kontextualisierung – wie das Hohelied im AT – marianisch-ekklesial aussagefähig geworden. Aber gewiss ermöglichte die Einfügung ins NT weitere inhaltliche bzw. motivische Querverbindungen, über den Horizont des Alten Testaments hinaus.

Es bleibt zu beachten, dass Johannes als Visionär widergibt, was ihm mitgeteilt und offenbart wird, er also wie ein inspirierter Künstler Eingegebenes niederschreibt, das größer ist als sein Verständnis, nicht begrenzt durch eine „Aussage-Absicht". Doch Exegeten sind oft auf die Textanalyse fixiert und tun sich mit visionär-inspirierter Rede schwer, deshalb kann man mit exklusiv historisch-kritischer Methode die Johannes-Offenbarung nicht in Gänze erfassen!

Die Apokalyptische Frau ist gewiss eine symbolische Gestalt in kollektiver Perspektive, für das Gottesvolk des Alten wie des Neuen Bundes. Ein Symbol braucht einen Realitätsbezug, ist kein völliges Abstraktum. Mit den zwölf Sternen verweist die Frau am Himmel auf das Zwölf-Stämme-Volk, durch ihre Mutterschaft für den Messias auf die Mutter Jesu. Diese Zusammenschau von Maria und Ekklesia brauchte ihre Zeit, musste sich entfalten; der Auslegungsrahmen einer Heilsgeschichte musste entwickelt werden, um Ewiges und Zeitliches zusammendenken zu können.

Eine in Geburtswehen schreiende Frau, wie sie *Offb 12,2* schildert, war schon für die frühen christlichen Ausleger schwer mit der Jungfrau Maria und ihrer Geburt in Einklang zu bringen; später wird in der christlichen Kunst dieses Moment immer ausgelassen, ist doch auch der Sprung von der majestätischen Himmelsfrau des ersten Verses zur sehr irdischen Schwangeren enorm. Die apokryphen Kindheitsgeschichten, die mit dem zweiten Jahrhundert auftauchten, wurden zwar nicht als authentisch aufgefasst, doch ihre Vorstellung einer Geburt ohne Schmerzen, ja einer *Virginitas in partu*, war allgemein präsent und wurde schließlich zur Glaubenslehre, da schmerzhafte Wehen als Strafe für den Sündenfall (Gen 3,14) bei der Geburt des Herrn nicht anzunehmen waren.

Die explizite Identifizierung der Apokalyptischen Frau mit der Gottesmutter Maria findet sich erst ab der Spätantike und dann vermehrt im lateinischen Mittelalter.[23] Für die christlichen Exegeten stellte sich die Problematik, dass die visionäre Gestalt der Sonnenfrau sich nur momenthaft als Messias-Gebärerin mit Maria identifizieren ließ – zur Geburt kam noch die Bedrohung durch den kindermordenden König Herodes hinzu, wie sie das Matthäus-Evangelium berichtet. Weiteres ließ sich nicht auf die historische Frau aus Nazareth übertragen, allerdings aber auf die bedrohte Kirche, wie es ja dem expliziten Impetus des Visionärs entsprach – er wollte den verfolgten Christen Verständnis und Trost ermöglichen.

Schon früh wurde betont, dass mit der Apokalyptischen Frau die Kirche gemeint sei, die explizit marianische Deutung erfolgte vor allem im lateinischen Mittelalter. Die Auslegungsgeschichte zu *Offb 12* ist lang und umfangreich, sie kann hier nicht ausgebreitet werden. Klaus Berger gibt 130 bedeutende exegetische Kommentare seit dem frühen vierten Jahrhundert an, ohne auf Vollständigkeit zu pochen.[24] Beeindruckend bleibt auch die Betrachtung eines patristischen Altmeisters, dessen Durchgang hier skizziert werden soll.

Hugo Rahner und sein patristischer Durchgang

Der Patrologe Hugo Rahner SJ (+ 1968) war begeistert von der Betrachtungsweise der Kirchenväter, die Maria und Kirche kaum unterscheiden. 1951 präsentierte der Innsbrucker Theologe seine Schrift „Maria und die Kirche" und widmete sich dem biblischen Bild der Apokalyptischen Frau: Die Theologie der Urkirche schaute „in den vielleicht tiefsinnigsten Kapiteln ihrer Ekklesiologie die Jungfrau Maria und die Mutter Kirche wie in einem ineinanderfließenden Bilde zusammen, wenn sie die aus dem Himmlischen ins Irdische herüberwirkende Gewalt der ‚Großen Frau' mit den Worten des Apokalyptikers schildert".[25] Rahner sieht in der realen Person Mariens das „Vorbild für diese Vision…, die Mutter des Gotteskindes, die dem Mystiker von Patmos unter dem Kreuz anvertraut ward – aber insofern, als sie zugleich der Vorbegriff ist für die Kirche und ihr irdisch-himmlisches Geschick." Die Apokalyptische Frau ist demnach „die Maria-Kirche, die schon eingegangen ist in ihren Himmelsglanz und doch noch unterwegs ist zu ihrer Vollendung, gnadenvolle Königin und leidende Mutter in einem".[26] Und man erfährt, dass die großen Theologen der Väterzeit im *Signum Magnum* ohne weiteres die Kirche Jesu Christi erkennen konnten, wie z. B. Hippolyt im dritten Jahrhundert.

Andreas von Caesarea erwähnt in einer vor 312 entstandenen Schrift, dass manche christlichen Exegeten in der Frauengestalt Maria erkennen können; und Methodius von Philippi (4. Jh.) hat einen Hymnus auf die Apokalyptische Frau gedichtet, in dem er in ihr exklusiv die Kirche sieht, nicht den Menschen Maria – beides verdeutlicht, dass schon im dritten Jahrhundert sowohl eine ekklesiologische wie marianische Deutung des *Signum magnum* möglich war.[27] Eine heute noch greifbare, direkt marianische Deutung von *Offb 12* findet sich im Hauptwerk des Epiphanius von Salamis (+ 403), dem 377 abgeschlossenen „Panarion".[28]

Im Westen kann im Gefolge von Augustinus, der bei aller Wertschätzung Mariens diese streng als Teil der Kirche: *Supereminens membrum ecclesiae*, betrachtet wissen wollte, ebenso in der Apokalyptischen Frau die Gottesmutter gesehen werden: „Jene große Frau bedeutet die Jungfrau Maria, die unversehrt unser unversehrtes Haupt gebar und dadurch ein Vorbild der heiligen Kirche ist".[29] In den Schriftkommentaren herrscht seit dem achten Jahrhundert mit dem Auslegungsschema des Tychonius: Species-Genus, eine Kombination von ekklesiologischer und mariologischer Auslegung vor, herausragend bei Ambrosius Autpertus (+ 784); demnach ist Maria ein spezieller Fall des Genus „Kirche" bzw. „Gottesvolk". Die Kommentare schwanken zwischen inklusiver und exklusiver Deutung: Der angelsächsische Benediktiner Beda Venerabilis (+ 735) will allein die Kirche in der Sonnenfrau sehen, ähnlich Haimo von Auxerre (+ 855).[30] Doch wird schließlich die Doppelbedeutung des *Signum Magnum* die leitende Perspektive bei der Auslegung von *Offb 12* unter den Exegeten. So schreibt der Karolinger-Theologe Alkuin (+ 804): „Das sonnenumkleidete Weib ist die selige Jungfrau Maria, die überschattet ward von der Kraft des Allerhöchsten. Aber in ihr erfassen wir auch das Gesamtgeschlecht, und das ist die Kirche".[31] Der visionäre Benediktinerabt Rupert von Deutz (+ 1129), der in der Braut des Hoheliedes Maria erkennen konnte, folgt wieder streng Augustinus, wenn er in seinem Offb-Kommentar festhält: „Die sonnenumkleidete Frau ist das Symbol der Kirche, deren bedeutendster Teil … die selige Jungfrau Maria ist, durch die glückselige Frucht ihres eigenen Schoßes".[32]

Ab dem 13. Jahrhundert fand die marianische Deutung der Sonnenfrau zunehmend Verbreitung, nicht nur unter den Exegeten – auch durch den Einfluss der mystischen Schriften des Bernhard von Clairvaux, Joachim de Fiores und der Hildegard von Bingen. Es entstand in der christlichen Kunst ein Bildtypus der Gottesmutter, aus den Motiven der Apokalyptischen Frau entwickelt.[33]

Im Spätmittelalter, als einerseits die Kirche juridifiziert, andererseits die Gottesmutter im Kult der Lieben Frau isoliert wurde, findet sich kaum noch ein Theologe, dem die Zusammenschau von Maria und Kirche gelingt. Für die gallisch-germanischen Exegeten mit ihrem ausgeprägten Realitätsbezug war das Auslegungsproblem der in *Offb 12,2* geschilderten Geburtsschmerzen hinsichtlich der jungfräulichen Geburt aus Maria eher noch größer geworden, so dass dieses Moment gänzlich ausgeblendet bzw. ganz der ekklesialen Perspektive zugeordnet wurde. Eine sehr tiefsinnige Deutung bietet Rupert von Deutz, der in seinem Johannes-Kommentar in den Schmerzen Mariens unter dem Kreuz die Geburtsschmerzen für die Kirche erkennt, die durch Jesu Kreuzestod geboren wird und aus seiner geöffneten Seite hervorgeht, wie schon die Kirchenväter *Joh 19* gedeutet haben.[34]

Hugo Rahner verweist auf die verschiedenen Ebenen innerhalb des Symbols der Großen Frau – sie „ist nicht nur die Herrliche, sondern auch die immer noch Irdische, die in Schmerzen Gebärende, die Schreiende, die vom Drachen Verfolgte, die in die Wüste Entfliehende, die da hilfesuchend ihrem auf Gottes Thron entrückten Kind nachschaut. Dies alles vollzieht sich gewiss zunächst am Geschick der noch auf Erden leidenden Kirche, aber es ist doch auch vorgedeutet am irdischen Geschick der Gottesmutter, und es verwirklicht sich in den Nöten und Schmerzen unseres in aller heimlichen Himmlischkeit noch unverklärten Lebens“.[35]

Das hochmittelalterliche Motiv der *Anima ecclesiastica* hilft, die Verwobenheit von Maria und Kirche zu vertiefen, indem der einzelne Gläubige – von der Mutter Kirche in der Taufe geboren – seelisch von der

Himmelskönigin ausgeformt wird, wie es der Barocktheologe Cornelius a Lapide SJ (+ 1637) in seinem Kommentar zu *Offb 12* formuliert: Maria als edelstes Glied der Kirche sehne sich danach, „Christus, ihr Kind, in den Seelen aller Gläubigen zu gebären, und diese ihre Sehnsucht wird sich steigern gegen das Ende der Zeiten".[36]

Während seit dem Spätmittelalter die Apokalyptische Frau in der künstlerischen Darstellung als Mariengestalt isoliert und ohne den Drachen gezeigt wird, bleibt in den Kommentaren zur Johannes-Offenbarung die Deutung von *Offb 12* zumeist ekklesiologisch.[37]

Wie gesagt, dem späteren Mittelalter und der Neuzeit kam der innere Bezug zwischen Maria und Kirche abhanden. Die christlichen Humanisten entdeckten ihn vereinzelt wieder, bis im späteren 19. Jahrhundert im Rahmen der theologischen Renaissance der Väterzeit auch der Zusammenhang von Maria und Kirche wiederentdeckt worden ist. Der Humanismus allgemein und die reformatorischen Bekenntnisse insbesondere distanzierten sich weitgehend von der Marienverehrung und entsprechend von einer marianischen Betrachtung biblischer Stellen wie *Gen 3,15* oder *Offb 12.*

Martin Luther und sein Kirchenlied „Sie ist mir lieb, die werte Magd"

Interessant ist in unserem Zusammenhang Martin Luthers gefühlvolles und wohlformuliertes Lied über die apokalyptische Frau: „Sie ist mir lieb, die werte Magd", vom älteren Reformator verfasst, der nicht ganz von der Marienverehrung lassen konnte. Dieses „Lied von der Heiligen Christlichen Kirche" findet sich im sog. Klugschen Gesangbuch (Nürnberg 1535), dem frühesten illustrierten Gesangbuch des deutsch-evangelischen Bekenntnisses. Allerdings fand dieses Lied keine Aufnahme in weitere protestantische Gesangbücher und wurde erst Anfang des 21. Jahrhunderts vereinzelt wieder aufgegriffen und vertont, auch von katholischer Seite.[38]

Sprachlich wird ihm ein kunstvolles Vers- und Reimschema attestiert, so dass es der Kritiker Marcel Reich-Ranicki in seine Sammlung herausragender deutscher Literatur aufgenommen hat.[39] Das Lied folgt in weiten Teilen dem Gedankengang des biblischen Textes von *Offb 12*; die marianische Konnotation ist gerade in der ersten Strophe unverkennbar und zeigt Stil und Ausdrucksweise eines hochmittelalterlichen Minnegesangs. Luther konnte die patristische Zusammenschau von Gottesmutter und Kirche noch mitvollziehen – seine Wertschätzung stellt die heutige Distanz zur Marienverehrung zumindest des lutherischen Bekenntnisses in Frage.[40]

Sie ist mir lieb, die werte Magd / und kann ihr nicht vergessen,
Lob, Ehr und Zucht von ihr man sagt, / sie hat mein Herz besessen.
Ich bin ihr hold, / und wenn ich sollt
groß Unglück han, / da liegt nicht an;
sie will mich des ergetzen / mit ihrer Lieb und Treu an mir,
die sie zu mir will setzen / und tun all mein Begier.

Sie trägt von Gold so rein ein Kron, / da leuchten inn zwölf Sterne,
ihr Kleid ist wie die Sonne schon, / das glänzet hell und ferne;
und auf dem Mon / ihr Füße stohn;
sie ist die Braut, / dem Herrn vertraut.
Ihr ist weh und muss gebären / ein schönes Kind, den edlen Sohn
und aller Welt ein Herren, / dem sie ist unterton.

Das tut dem alten Drachen Zorn / und will das Kind verschlingen,
sein Toben ist doch ganz verlorn, / es kann ihm nicht gelingen.
Das Kind ist doch / gen Himmel hoch
genommen hin / und lässet ihn
auf Erden fast sehr wüten. / Die Mutter muss gar sein allein;
doch will sie Gott behüten / und der recht Vater sein.[41]

Hans-Urs von Balthasar zur Apokalyptischen Frau

Der bedeutende Theologe Hans-Urs von Balthasar geht in seinem Betrachtungsbüchlein „Maria für heute" (1987) umfangreicher auf die Apokalyptische Frau ein und betrachtet sie im Kapitel: „In der Wüste – Das Weib und der Drache" vor dem Horizont der Gegenwart.[42] Gleich zu Beginn der Kleinschrift sagt er: „Wer etwas über Maria und ihre Beziehung zur heutigen Zeit erfahren will, schlägt am besten das 12. Kapitel der Apokalypse auf: es steht im Mittelpunkt dieses letzten Buches der Bibel, das in Visionsbildern Einblick in das Drama der Weltgeschichte gibt"; das große Zeichen, die Frau am Himmel „ist ohne Zweifel zunächst das Gottesvolk Israel, das die ‚Messiaswehen' erleidet".[43] Maria bündele in sich die „Summe des Glaubens Israels" als konkreter Mensch, „der den Messias leiblich gebar und sein ganzes Schicksal bis zur Kreuzigung und zum Hingang zu Gottes Thron miterlebte und mitlitt".[44] Eindrücklich verbindet Von Balthasar Israel, Maria und die Kirche: „Das genau ist die Zeit, in der wir leben, in der auch das Weib lebt, das Israel war, das Maria wurde, und schließlich heute die Mutter aller Brüder und Schwestern Jesu geworden ist. Maria wird in der Apokalypse zur Kirche".[45]

Einige Jahre zuvor hat Von Balthasar einen Teil der Johannes-Offenbarung anhand der 49 Bilder der Bamberger Apokalypse ausgelegt, ein Text, der 2004 erneut publiziert worden ist.[46] Er interpretiert das Bild „Das gebärende Weib" (Nr. 5) und siedelt es im Geschehen der messianischen Endzeit an, das *Offb 12-20* schildert. „Groß und einsam ‚am Himmel' erscheint das Weib, mit nichts anderem in der Apokalypse vergleichbar. … Inbegriff und Sinnziel der Schöpfung; aber gerade als diese ‚schreit sie in Wehen und Schmerzen der Geburt' (12,1-2). Daß diese Geburt etwas Endgültiges sein wird, erweist sich auch daran, daß die absolute Gegenmacht, der ‚feuerrote Drache' ihr gegenübersteht, bereit, das Geborene zu verschlingen".[47] Das Weib sei zuerst „Israel, die Braut und Gattin Jahwes, insoweit es in Glaube und Schmerz den Messias erwartet. (…) Aber der Messias wird ein Einzelner sein, und einen Einzelnen bringt nicht ein Volk hervor, sondern eine Einzelne, in der sich das ganze Volk seit seinem Anfang, in seiner ganzen Geschichte, mit seiner ganzen Anstrengung des Hervorbringens zusammenfaßt".[48] Maria stelle die „erfüllende Spitze" Israels dar und verleibliche den Glauben Israels, „überschreitet zuletzt im wirklichen Gebären das ganze Zeitalter der Erwartung, sie gehört als die Mutter des Messias mit in die neue Ordnung ihres Kindes".[49] Die konkrete, historische Maria geht mit dem realen Christus den Weg von Bethlehem nach Golgotha: „Wie die Menschwerdung Jesu sich am Kreuz vollendet, so vollendet sich am Kreuz auch das schmerzliche Gebären Marias. Das Kreuz ist für den Messias der Sieg, er wird ‚zu Gott und zu seinem Thron entrückt' (12,5), während das Weib auf Erden bleibt".[50] Die Getauften, die Christen werden schließlich von der Kirche hervorgebracht, „zu der nunmehr Maria, von ihren Kreuzeswehen her (vgl. Joh 19,26) geworden ist. […] Das alte Gottesvolk, die Mutter Gottes und die Kirche bilden zusammen eine einzige Realität, nicht in einer Gleichzeitigkeit, sondern in einem Prozeß, worin die Fruchtbarkeit Israels sich in Maria zugleich sammelt und übersteigt, und die neue Fruchtbarkeit Marias sich in die Mütterlichkeit der Kirche hinein entfaltet. Mehr sagt die Apokalypse uns nicht zum Geheimnis der gebärenden Frau, aber dies sagt sie mit Gewißheit".[51]

Diese herausragende Darstellung der Verbundenheit von Maria und Kirche im Hinblick auf die Johannes-Offenbarung stellt eine reife Frucht der Theologie Von Balthasars dar.

Die Exegeten Franz Mußner und Ernst Haag

Exegeten bleiben oft im Unbestimmten und wagen selten klare Deutungen zu *Offb 12*. Der Passauer Exeget Franz Mußner schreibt in seinem Band „Die Mutter Jesu im Neuen Testament" (1994): „Für den Johannesapokalyptiker ist … der Messias identisch mit dem Menschensohn

Jesus, der ‚zu Gott und seinem Thron entrückt' ist (Offb 12,6 ...). So darf man annehmen, daß der Verfasser der Offb bei dem Sonnenweib auch an Maria, die Mutter des Messias, mitdenkt, aber sie ganz als Glied im Gesamt der Heilsgeschichte sieht, wie es semitischem Denken entspricht, dass das Ganze im Teil gegenwärtig sieht und den Teil im Ganzen"; ein Entweder-Oder hält Mußner im Blick auf die Apokalyptische Frau für falsch: Für den christlichen Apokalyptiker sei Maria „Repräsentantin des Gottesvolkes, aus dem der Messias geboren wird".[52]

Der Trierer Exeget Ernst Haag beschreibt 2012 im Aufsatz „Ein großes Zeichen am Himmel" besonders den Komplex des messianischen Endzeitgeschehens in *Offb 8-16*, der sich in seiner Struktur am Danielbuch orientiere (Dan 9-12), wobei „trotz aller zeitgeschichtlichen Anspielungen und Bezüge" die Darstellung „nicht historisch-chronologisch, sondern metahistorisch-eschatologisch zu interpretieren sei.[53] Er betont die Offenbarung des Endzeitcharakters bereits in der himmlischen Sichtbarwerdung des Bundeslade (Off 11,19) und verneint die Herkunft des Motivs der Sonnenfrau aus einem altorientalischen Mythos. Die kosmischen Attribute der Apokalyptischen Frau stehen für die Beständigkeit des Jahwe-Bundes, für Vollkommenheit und Sieg.[54] Die Zwölfzahl der Sterne verweise auf „die Heilsvollendung des Zwölfstämmevolkes Israel (Offb 7,5-8) als Kirche Jesu Christi"; Die himmlische Frau sei demnach „ein Bild für das Gottesvolk und die ihm zugesprochene Fülle heilsgeschichtlicher Verheißungen".[55] Konkret bei *Offb 12,17* (Drache bekämpft die Nachkommenschaft der Frau) sieht Haag eine offenkundige Verbindung zum Proto-Evangelium (Gen 3,15), „wonach Feindschaft besteht zwischen der Frau und der Schlange sowie beider Nachkommenschaft und dass so ein die ganze Menschheitsgeschichte andauernder Kampf" stattfinde.[56]

Anthropologisch betont Haag als Hintergrund der Offb-Deutung die Polarität der Geschlechter, da „der Mensch als Individuum und auch als Kollektiv, nämlich als Menschheitsfamilie, zu einem Ort des Heilsschaffens Gottes wird".[57] Theologisch dürfe bei der Zionstheologie und dem

Jahwe-Glauben des Alten Testaments nicht die bewusste Feminisierung Jerusalems bzw. Zions übersehen werden sowie die fundamentale Betrachtung der Frau als „Mutter aller Lebendigen“ (Gen 3,20). Die feminine Perspektive kulminiere im NT in der Apokalyptischen Frau, in welcher die Frau das Gottesvolk darstelle, „den Heiligen Rest Israels, aus dem der eschatologische Heilsmittler kommt und durch den seine Mutter als Ersterlöste zum Urbild der Kirche wird“.[58] Schließlich stellt Haag fest: Wenn auch der Literalsinn von Offb 12 keinen Hinweis auf Maria gebe, so sei doch „der mariologische Charakter der Perikope deutlich zu erkennen“; da die Kindheitsgeschichten (Mt/Lk) Maria aufgrund der Heilsmittlerschaft ihres Sohnes als „Repräsentantin der Kirche“ zeigten, sei eine mariologische Deutung der Sonnenfrau legitim: So habe „der Seher von Patmos in Offb 12 Maria, der Mutter des Herrn, Eingang in die Apokalyptik verschafft und gleichzeitig damit die Aktualität ihrer Funktion im Endzeitgeschehen betont. [...] ... dann ist es Maria, die Mutter des Herrn, die als die apokalyptische Frau des großen Zeichens Trost und Hoffnung verheißt und kraft ihrer Fürbitte bewirkt“, dass die Christen „das Heil auch finden“.[59]

Papst Benedikt XVI. über die Apokalyptische Frau

Von Papst Benedikt XVI., einem nüchternen Marienverehrer, stammt eine geistliche Betrachtung, die er beim Angelus am 15.8.2007 in Castel Gandolfo gehalten hat, über den Drachen und die himmlische Frau. Nach einer auf die konkrete Geschichte und Gegenwart bezogene Deutung des Drachens betrachtet der Papst die Apokalyptische Frau:

Auch dieses Bild hat viele Dimensionen. Eine erste Bedeutung ist zweifellos die, daß es die Gottesmutter ist, Maria, mit der Sonne, also mit Gott, bekleidet – ganz und gar. Sie lebt ganz in Gott, ist umgeben und durchdrungen vom Licht Gottes. Sie ist umgeben von den zwölf Sternen, das heißt von den zwölf Stämmen Israels, vom ganzen Gottesvolk, von der ganzen Gemeinschaft der Heiligen, und unter ihren Füßen ist der Mond, Bild des Todes und der Sterblichkeit. Maria hat den Tod hinter sich gelassen; sie ist ganz mit dem Leben bekleidet, sie ist mit Leib und Seele in die Herrlichkeit Gottes aufgenommen. Und so sagt sie, die in die Herrlichkeit hineingestellt ist und den Tod überwunden hat, zu uns: Habt Mut, am Ende siegt die Liebe! Mein Leben war es zu sagen: Ich bin die Magd Gottes. Mein Leben war meine Selbsthingabe, für Gott und für den Nächsten. Und dieses Leben des Dienstes kommt jetzt im wahren Leben an. Habt Vertrauen, habt den Mut, so zu leben, auch gegen alle Bedrohungen des Drachen.

Dies ist die erste Bedeutung der Frau, zu der Maria geworden ist. Die „Frau, mit der Sonne bekleidet" ist das große Zeichen für den Sieg der Liebe, den Sieg des Guten, den Sieg Gottes. Ein großes Zeichen des Trostes. Aber diese Frau, die leidet, die fliehen muß, die mit einem Schmerzensschrei gebiert, ist auch die Kirche, die pilgernde Kirche aller Zeiten; in allen Generationen muß sie aufs Neue Christus gebären, ihn unter großen Schmerzen zur Welt bringen, auf diese leidvolle Weise. Zu allen Zeiten verfolgt, lebt sie gleichsam in der Wüste, vom Drachen verfolgt. Aber zu allen Zeiten lebt die Kirche, das Gottesvolk, auch vom Licht Gottes und wird – wie das Evangelium sagt – mit Gott genährt, in sich selbst genährt mit dem Brot der heiligen Eucharistie. Und so siegt sie leidend in aller Bedrängnis, in allen verschiedenen Situationen der Kirche im Laufe der Zeit, in den verschiedenen Teilen der Welt. Und sie ist die Gegenwart, die Gewährleistung der Liebe Gottes gegen alle Ideologien des Hasses und des Egoismus. … eine Einladung, Maria nachzuahmen, wie sie selbst gesagt hat: Ich bin die Magd des Herrn, ich stelle mich dem Herrn zur Verfügung. Das sollen wir daraus lernen: auf ihrem Weg zu gehen, unser Leben hinzugeben und nicht das Leben zu nehmen. Und eben so sind wir auf dem Weg der Liebe, der eine Selbstentäußerung ist, aber eine Selbstentäußerung, die in Wirklichkeit der einzige Weg ist, um sich selbst wahrhaft zu finden, um das wahre Leben zu finden.[60]

Neuere Aussagen von Dieter Böhler, Gisbert Greshake, Markus Hofmann und Karl-Heinz Menke

Der Bonner Dogmatiker Karl-Heinz Menke bringt in seinen mariologischen Überlegungen von 1999 einige wichtige alttestamentliche Bezugsstellen für die Johannes-Offenbarung und dessen zwölftes Kapitel und betont, dass in der Apokalyptischen Frau berechtigt Maria gesehen werden könne, aber nur als Personifikation des neuen Israel bzw. der Kirche.[61]

Der Kölner Dogmatiker Markus Hofmann hat 2009 einen gründlichen Aufsatz zur mariologischen Deutung von *Offb 12* verfasst und resümiert: „Das alte und das neue Gottesvolk treffen sich theologisch in der einen Frau, die einerseits als Glied Israels den Messias physisch geboren hat und andererseits unter dem Kreuz von Jesus in eine mütterliche Rolle gegenüber dem in dieser Stunde unter großen Schmerzen geborenen neuen Gottesvolk eingesetzt wird. Lässt man die Denkfigur der korporativen Persönlichkeit gelten, dann würde es sich gerade nicht um zwei gänzlich verschiedene Größen handeln, die mit dem Symbol der Frau in Offb 12 gemeint sind, sondern um die eine Wirklichkeit des Gottesvolkes (des Alten wie des Neuen Bundes), das in Maria als Personifikation des heiligen Restes Israels sowie als Repräsentantin der ganzen Kirche dargestellt ist".[62]

Der Freiburger Theologe Gisbert Greshake fragt in seinem Alterswerk „Maria-Ecclesia" (2014): „Maria in der Offenbarung des Johannes?".[63] Der Dogmatiker konstatiert, dass die Bilder von Drache und himmlischer Frau mit einigen orientalisch-paganen und alttestamentlichen Motiven korrespondieren. Auch wenn sich erst ab dem sechsten Jahrhundert marianische Deutungen von *Offb 12* fänden, so müsse man nicht eine originäre marianische Konnotation dieses zentralen Kapitels innerhalb der Apokalypse ablehnen. Gerade „das biblische Verständnis der corporate personality vermittelt zwischen der sowohl universalen als auch partikularen Gestalt geschichtlicher Ereignisse". Greshake fragt: „Ist es denkbar, dass ein christlicher Leser der Offenbarung beim

Thema ‚Geburt des Messias durch eine Frau' von allen Assoziationen zu Maria absehen konnte?"[64]

Auch der Jesuit Dieter Böhler sieht in seinem Aufsatz „Maria – Tochter Zion" eine Zusammenschau von Maria und dem Volk Israel als sinnvoll an.[65] „Die ‚Sternenfrau' der Offenbarung ist ein hochkomplexes Symbol: Sie ist das Zwölfstämmevolk Israel, das den Messias hervorbringt. Sie ist jene Israelitin, die den Messias gebiert, Maria, aber Maria nicht als Privatperson, sondern als Repräsentantin des Zwölfstämmevolkes, das in Wehen liegt. Sie ist schließlich die Kirche, die noch immer in Bedrängnis lebt. Der Seher Johannes hat hier in wenigen Sätzen eine Geschichte Israels, Jesu und der Kirche nachgezeichnet. In dem ganz vielseitigen Symbol der Sternenfrau haben wir eine Zusammenfassung des ganzen Alten und Neuen Testaments".[66]

Es soll zum Abschluss der theologischen Betrachtungen von *Offb 12* noch verdeutlicht werden, dass es bei deren Auslegung um einen tiefen und notwendigen Zusammenhang zwischen der Gottesmutter und der Kirche als dem Volk Gottes geht. Dies ist eine alte, zu erneuernde Überzeugung der Kirche, wie sie im 19. Jahrhundert der Kölner Dogmatiker Mathias Scheeben (+ 1888) in seiner marianischen Ekklesiologie darzulegen wusste. Von Scheeben her formuliert der niederländische Professor H. Derckx: „Wer ist dieses Weib? Nach der einstimmigen Auffassung aller: die Kirche unter dem Symbol oder der Allegorie des Weibes; die Gemeinschaft der Gläubigen, in der Christus fortlebt, geboren und verfolgt wird. Aber es ist die Kirche, gemalt in den Zügen der Frau aus der Genesis, die hier ‚nicht bloß irgendwie als Urbild der Kirche, sondern als ein mit der Kirche organisch verbundenes, sie wurzelhaft in sich befassendes und repräsentierendes sowie in ihr und durch sie wirkendes Urbild gedacht wird ' (Scheeben)."[67] Maria und Kirche sind nicht künstlich oder nur formal miteinander verbunden, sondern stehen in einer Perichorese, einer wechselseitigen Beziehung – sie sind untrennbar miteinander verschmolzen.[68]

Kunstgeschichte und Ikonographie [69]

Das frühe Christentum hatte zur darstellenden Kunst ein distanziertes Verhältnis. Zunächst war es in den Verfolgungszeiten der ersten drei Jahrhunderte kaum möglich, öffentlich und künstlerisch das Evangelium darzustellen. Darüber hinaus hielt man Abstand zu den paganen Formen, die die Kunst in der Antike beherrschten – der Streit zwischen Paulus und dem Silberschmied Demtrios in Ephesos ist dafür symptomatisch (vgl. Apg 19,23 ff.). Nur in der Sepulkralkunst gab es erste Versuche, christliche Zeichen und Motive zu gestalten. Das alles änderte sich mit der Wende im vierten Jahrhundert, als Kaiser Konstantin das Christentum favorisierte, vollends mit Kaiser Theodosius, der Ende des vierten Jahrhunderts das Christliche im Römischen Reich privilegierte. Fortan entstanden Skulpturen, Fresken und Mosaiken, besonders im Kontext der neuen Kirchenbauten, bevorzugt mit Motiven aus der Heiligen Schrift, auch aus der Offenbarung des Johannes.

Die Kunsthistorikerin *Johanna Monighan-Schäfer* verdeutlicht in ihrer Studie über die Apokalyptische Frau[70] die theologisch-künstlerische Entwicklung seit dem fünften Jahrhundert, in den monumentalen Wandbildern der Kirchen in Ravenna und Rom. Dabei kamen zur Verherrlichung Christi Einzelmotive aus der Johannes-Apokalypse zur Verwendung: Die vier himmlischen Wesen sowie die 24 Ältesten (Offb 4 f. u. ö.), Alpha und Omega (Offb 1,21 f.), das Lamm (Offb 22) und das Himmlische Jerusalem (Offb 21). Zusammenhängende Zyklen zur Apokalypse tauchen erst im siebten Jahrhundert auf, nachdem im Osten deren Apostolizität weitgehend anerkannt worden war.

Die Buchmalerei in den Klöstern eröffnete ein weites Feld für die christliche Kunst, für die Illustration (Zeichnungen) bzw. Illuminierung (Malereien) der Bibel. Vom 8. bis 16. Jahrhundert stellte sie den wichtigsten Kunstbereich der Darstellung von Apokalypse-Zyklen dar.[71] Die Handschriften von Trier, Cambrai, Valenciennes, Paris und Bamberg sowie die nordspanischen Beatus-Kommentare bieten durchgängige Illustrationen des Textes der Johannes-Offenbarung, wobei verlorengegangene Vorläufer aus der Spätantike die Grundlage dargestellt haben dürften. Seit dem neunten Jahrhundert sind Texte mit Titelbildern und figürlichen Initialen nachweisbar, bald folgten direkt den Bibelstellen beigegebene Bilder (Illuminationen).

Der spanische Benediktiner Beatus Liébana (+ nach 798)[72] kommentierte die Johannes-Offenbarung angesichts des im Jahre 800 erwarteten Weltendes – es blieb zwar aus, aber der theologisch herausragende Kommentar wurde jahrhundertelang kopiert. Ab Ende des neunten Jahrhunderts sind illuminierte Beatus-Kommentare erhalten.[73] Der wohl besterhaltene Kommentar befindet sich heute in Gerona in Katalonien, 975 vollendet. Darin findet sich eine beeindruckende Gestaltung von *Offb 12,1*: Die Apokalyptische Frau wird als himmlisches Wesen vom Drachen bedroht, das rote Sonnenrad befindet sich als Scheibe vor ihrer Leibesmitte. Im Vergleich mit der ca. 100 Jahre jüngeren Trierer Apokalypse (aus dem Gebiet von Tours) erkennt man zwar gemeinsame Grundformen, aber der „Beatus Gerona" weist westgotische und mozarabische Einflüsse auf – die Illumination besticht durch eine kräftige Farbigkeit.

Beatus-Apokalypse von Gerona (Museo de la Catedral, Ms. 7, Folio 171 r, zzgl. Folio 172 v)

Die Karolingische Renaissance beförderte in Mitteleuropa die Buchmalerei, ja die darstellende Kunst überhaupt (Wandmalerei, Bildhauerei). Neben dem Text der Heiligen Schrift erhielten die Kommentare der Kirchenväter großes Gewicht. Der Apokalypsen-Kommentar des Hoftheologen Alkuin (Aachen, um 800) präsentiert wesentlich den Kommentar von Ambrosius Autpertus (8. Jh.), ergänzt um Erläuterungen von Beda Venerabilis (+ 735) – diese beiden schöpften wiederum aus den ältesten Kommentaren von Tychonius (4. Jh.) und Primasius (6. Jh.). Die Tradition wurde hochgehalten, Neuerungen zeigten sich kaum. So wertet Monighan-Schäfer das neunte Jahrhundert: „Die karolingischen Apokalypsen von Trier, Cambrai, Valenciennes und Paris greifen auf spätantike Vorbilder zurück und sind selbst Grundlage für die reichen Apokalypse-Zyklen der Gotik".[74] Die germanisch-gallische Kultur suchte den Anschluss an die Antike, wie die Trierer Apokalypse verdeutlicht, die Anfang des neunten Jahrhunderts im Bereich von Tours entstanden sein dürfte. Dieser illustrierte Text bietet die älteste bekannte Darstellung der Apokalyptischen Frau.

Trierer Apokalypse (um 800, Trierer Stadtbibliothek, Codex 31, Folio. 37 v) – einige Seiten später erscheint erneut diese Konstellation, wobei der Drache Wasser speit (Folio 39 v.).

Das **Trierer Manuskript** (Stadtbibliothek Trier, Codex 31) gilt als ältester vollständiger Bilderzyklus zur Apokalypse aus der karolingischen Zeit, um 800 geschaffen. Illustriert werden in licht kolorierter Zeichnung (blau / rot) auf 74 Seiten der Vulgata-Text der Apokalypse, wobei die Bilder jeweils auf einer eigenen Seite präsentiert werden. Blatt 37 (fol. 37 v) zeigt die Apokalyptische Frau als erhabene Gestalt, auf die der Seher Johannes von der irdischen Sphäre her verweist, der seinerseits von Soldaten bedrängt wird. Der irdischen Bedrängnis entspricht im Bild eine himmlische, repräsentiert durch den schwungvoll gezeichneten Drachenwurm, der die Frauengestalt bedroht. Diese ist in einen spätantiken Ärmel-Chiton gekleidet und betet. Sie hat einen Sternenkranz um das Haupt. Sonne und Mond sind personifiziert als Kreise mit Gesichtern unter den Füßen der himmlischen Gestalt zu sehen. Die Apokalyptische Frau ist der *Ecclesia orans* der christlichen Spätantike nachempfunden, die Hände allerdings vor dem Körper zum Gebet erhoben.[75]

Die Apokalypse von Cambrai (Bibliotheque Municipal, Ms. 386) ist eine Kopie des Trierer Manuskripts, ca. 100 Jahre später angefertigt. Die illustrierten Apokalypsen von Valenciennes (Anfang 9. Jh.) und Paris (Anfang 10. Jh.) sind weniger spätantiken, mehr angelsächsischen Vorlagen verpflichtet, aber in derselben Zeit entstanden.

Zwischen Atlantik und Alpen wurde in den Klöstern neben den Evangelien bevorzugt die Johannes-Offenbarung illustriert, wohl aufgrund des Bilderreichtums der apokalyptischen Schrift sowie den Endzeit-Stimmungen seit Ende des achten Jahrhunderts. Eine klar marianische Deutung von *Offb 12* ist dabei bis ins zwölfte Jahrhundert nicht zu finden.

Bamberger Apokalypse (nach 1002, Staatsbibliothek Bamberg, Ms. 140, Folio 21) – auf Folio 23 findet sich die Szene: die Apokalyptische Frau entschwebt waagrecht, während der Drache Wasser speit.

Die bekannte, bildstarke **Bamberger Apokalypse** vom Anfang des elften Jahrhunderts zeigt ikonographische Ähnlichkeiten zu den Vorgängern aus Valenciennes und Paris; die von Cambrai scheint von der Bamberger Apokalypse abhängig zu sein. Sie wurde in der Benediktinerabtei auf der Insel Reichenau (Liuthar-Gruppe) geschaffen, wohl im Auftrag von Kaiser Otto III. nach einer römischen Vorlage.[76] Die aufwändigen Bilder auf 50 Seiten zeigen eine schematische Darstellungsweise mit kräftigen Farben, ohne Raumtiefe. Der Hintergrund ist in mehrere

Horizonte aufgeteilt, wobei der mittlere dominiert und in Gold ausgeführt ist. Die himmlische Sphäre oben ist in zwei kühlen Violett-Tönen wiedergegeben – dort erscheint der Tempel Gottes mit der Bundeslade. „Nicht Naturnähe, sondern seelische Wirkung, Malerei mit pneumatischem, irrealem Charakter" – so charakterisiert Monighan-Schäfer die Darstellung der Bamberger Apokalypse.[77]

Die Frauengestalt erscheint eindeutig als Ecclesia,[78] aber als recht statuarische, wenig feminine Gestalt, in starrer Frontalität. Kein Neugeborenes, sondern ein stehender, nackter Knabe steht zur Linken der Apokalyptischen Frau, der Drache droht von unten her, aber mit Abstand. Sie erscheint als hieratische Gestalt im übernatürlichen Raum. Die Sonnenstrahlen bilden sternenbesetzt eine Aureole, der nach oben geöffnete Sichelmond enthebt die Gestalt zusätzlich dem Raum. Als Ecclesia erscheint die Apokalyptische Frau barfuß, mit zeitgenössisch herrschaftlichem Gewand in Purpur, mit offen strähnigem Haaren sowie antikem Schleifenknoten. „Mit ihrer linken Hand wehrt sie den Drachen ab, mit der rechten zieht sie den raumlos schwebenden Knaben an sich".[79] In diesem kann man zurecht den Täufling sehen, den die Kirche an sich zieht und vor dem Bösen bewahrt. Die unbeirrt aufrechte Haltung der Ekklesia steht in Kontrast zum bewegt die Köpfe reckenden Drachen, die unbekrönt sind. Die Ekklesia erscheint als aktuelle Gestalt, während die Bundeslade samt Tempel die Abkünftigkeit von Israel symbolisieren könnte. Kaiser und Kirche – so die Botschaft der Bamberger Apokalypse – vermitteln Sicherheit für den Untertan und den Gläubigen.

Romanische Wandmalereien

Während im Frühmittelalter die Ausgestaltung der Kirchen mit Mosaiken dominierte (vor allem südlich der Alpen), so wurde ab der Jahrtausendwende in den romanischen Gotteshäusern meistens auf Putz gemalt. Beispiele für Motive aus *Offb 12* inklusive der Apokalyptischen

Frau sind die Kathedrale von Novara (Baptisterium, um 1000) oder die Klosterkirche San Pietro al Monte (bei Civate am Comer See), wo sich eine große Wandmalerei an der Stirnlünette des Westwerks findet, im Mailänder Stil um 1100 gemalt.[80] Zu erwähnen ist der teilweise erhaltene Apk-Zyklus in der Abteikirche St. Savin (Poitou) aus dem 12. Jahrhundert, der eine Darstellung der Apokalyptischen Frau bietet.[81] Manch andere Wandmalerei hat die Zeiten nicht überstanden, so z. B. die der Abtei Fleury.[82] Im spätromanischen Dom von Braunschweig findet sich eine beeindruckende Gewölbemalerei, die in einer dreieckigen Fläche Christus mit eisernem Zepter und Kreuznimbus zeigt, in gleicher Größe daneben aber die Apokalyptische Frau in Strahlengloriole, den Sichelmond zu Füßen, einen Kranz von zwölf kugeligen Sternen um das gekrönte Haupt, ebenfalls mit Zepter – eine Darstellung aus den Jahren 1240/50, die der Ecclesia eine herrschaftliche Stellung zuteilt.[83]

Eine der größten Errungenschaften der abendländischen Klöster war ihre Schriftkultur – jedes größere Kloster legte Wert auf eine Bibliothek, namhafte Skriptorien gab es seit der Jahrtausendwende Dutzende in Europa.

Die hoch- und spätmittelalterlichen Bibelillustrationen

Ab dem Hochmittelalter war die graphische Darstellung der Apokalyptischen Frau sehr beliebt – Hand- und Stundenbücher sowie Bibelausgaben wurden illuminiert, Textstellen illustriert, wobei man sich bis zum zwölften Jahrhundert noch streng am biblischen Text orientierte. Zwar gab es recht einfache Illustrationen, wie z. B. die Initiale im Apk-Kommentar des Rupert von Deutz (um 1170) – sehr einfach und klar ist hier das dreifache Motiv skizziert, das in der Gotik die Madonnendarstellung beherrschen wird: Stehende Frau mit Sternenkranz und Sichelmond zu Füßen, den Strahlenkranz hinter der Gestalt.[84] Kolorierte Illustrationen bzw. Illuminationen werden im 13. und 14. Jahrhundert beherrschend.

E-Initiale des Apk-Kommentars des Rupert von Deutz (Heiligenkreuz, Stiftsbibliothek Ms. 83, fol. 100 r.).

Neben der berühmten Enzyklopädie *Liber floridus* (1120)[85] ist der **Hortus Deliciarum** zu nennen, das illustrierte Handbuch für Klosterfrauen, das die Äbtissin Herrad von Landsberg (+ 1195) im elsässischen Kloster Hohenburg auf dem Odilienberg um 1175 geschaffen hat, eine lateinische Zusammenfassung des monastischen Wissens der Zeit, illustriert mit 344 Miniaturen.[86]

Die künstlerische Darstellung zu *Offb 12* im *Hortus deliciarum* zeigt sich markant und vereinigt diverse Momente des Gesamtkapitels: Die Apokalyptische Frau, den Sichelmond zu ihren Füßen, die Sonne um den Oberkörper – Mond, Sonne und Nimbus sind geometrisch gestaffelt; die Flügel aus *Offb 12,14*; die himmlische Entziehung des Kindes aus *Offb 12,5*; die Verfolgung der Gläubigen durch das Untier. Mit mächtigen Flügeln versehen, in Purpur gekleidet, mit der kaiserlichen Krone auf dem Haupt, das ohne Sterne des Kontrastes wegen grün unterlegt ist – so erscheint die Frauengestalt erhaben über die Mächte der Unterwelt (wasserspeiender Drache, Löwe mit Schwert). Der *Hortus Deliciarum* präsentiert die hoheitliche Gestalt der marianischen Kirche, die als kosmische Gestalt, nur im unteren Bereich von der irdischen Geschichte tangiert (wandelbarer Mond – unterer Kreis; Drache und Löwe) in der Kraft der Sonne (mittlerer Kreis) durch die Taufe den schutzbedürftigen Gläubigen quasi in den Himmel reicht – eine Apotheose der abendländischen Kirche, in ihrer Verbundenheit mit dem römischen Kaisertum (Friedrich I., Kaiser Barbarossa).

Hortus Deliciarum (Straßburger Original zerstört - Faksimile von Christian Moritz Engelhardt, Stuttgart 1818).

Nur wenige Jahrzehnte später entstand im **Liber matutinalis** des Konrad von Scheyern eine gefällige Miniatur der Apokalyptischen Frau, die um 1220 im bedeutenden Skriptorium der Benediktinerabtei Scheyern von einem Mönch namens Konrad im Auftrag des Abts, ebenfalls namens

Konrad, gemalt worden ist.[87] Das monastische Buch für die frühmorgendlichen Lesungen des Stundengebets (Matutin) enthält ebenso eine illustrierte Version der im Hochmittelalter beliebten Theophilus-Legende und ist als Ganzes der Gottesmutter gewidmet – es stellt ein wichtiges Zeugnis für die monastische Marienfrömmigkeit des Hochmittelalters dar. Die dezent farbigen Gouache-Miniaturen lassen eine Zeitenwende in der Kunst erkennen, die freier und selbstbewusster agiert – so hat sich der Künstler im Buch mit einem Selbstporträt verewigt.[88] Die Schrift versammelt diverse Texte, vorrangig die Lesungen der Matutin; der Bildteil wird von der Darstellung *Offb 12* eröffnet.

Der byzantinisch-hieratische Habitus der Apokalyptischen Frau, wie er Jahrzehnte zuvor noch bei der Darstellung der Herrad von Landsberg zu sehen ist, hat sich gelöst und die Farbgebung ist leichter. In warmen Farben zeigt die Miniatur eine stehende Gestalt, die gelassen den wasserspeienden Drachen anschaut, in einer leicht abgewandten Haltung, das Christuskind beschützend. Der Drache trägt einen breiten Kronring, aus dem neben zehn Hörnern sechs kleine Köpfe herausragen; dem geöffneten Maul entströmt Wasser. Der Drache ist mit den Füßen und dem schwanenartigen Körper dem linken Bildrand zugewendet, während eigenartiger Weise der Kopf auf dem langen Hals sowie der Schwanz nach rechts, der Frau entgegen, gewendet sind.

Der Kunsthistoriker Eugen Steinmann sieht in der Apokalyptischen Frau des *Liber matutinalis* „erstmals“ und „eindeutig“ Maria bezeugt, durch den Kreuzesnimbus des Kindes sowie durch den Kontext im Buch, nämlich den Zusammenhang mit den drei Bildern der Kreuzigung, Himmelfahrt Christi und Glorifikation Mariens.[89] Der Beitext am Fuße des Bildes identifiziert die Frauengestalt als „Virgo“.

Der Nimbus Mariens ist groß und rot, der Hintergrund blau gehalten, in grün-goldener Rahmung; kunstvoll winden sich die Flügel der Frauengestalt um ihren roten Nimbus. Der Jesusknabe ist bekleidet und schaut nach rechts oben, in der Rechten eine Buchrolle, die Linke bittend erhoben. Maria ist nach rechts gewandt und schaut auf den Drachen zurück – Drache und Frau streben körperlich auseinander, mit einander zugewandten Köpfen, was eine interessante, unaufdringliche Dynamik und Spannung erzeugt. Die Frau ist kunstvoll in ein rotes Leibgewand gekleidet, wie es in den folgenden Jahrhunderten typisch für die Madonnendarstellungen sein wird; allein das Übergewand wird dann blau statt grün sein. Das schulterlange Kopftuch (Maphorion) wird ebenso typisch, bis es von einer Krone im 16. Jahrhundert weitgehend abgelöst wird.

Während der Kunsthistoriker Albert Böckler eine rein mariologische Interpretation in der apokalyptischen Frau des *Liber Matutinalis* sehen will,[90] erkennt Monighan-Schäfer im Apk-Kommentar des Rupert von Deutz die sowohl ekklesiologische wie marianische Grundlage der Darstellung, was im Untertext greifbar sei; Lilli Burger sieht jedoch in den mystischen Texten Hildegards von Bingen die Hauptinspiration für den Mönch Konrad.[91]

Zusammenfassend kann man zur Darstellung der Apokalyptischen Frau im *Liber matutinalis* sagen, dass es einen klaren Auftakt der zunehmend marianisch-christologischen Deutung von *Offb 12* markiert, der sich ab dem 14. Jahrhundert massiv etablieren sollte.

Apokalyptische Frau mit Drachen (Bayerische Staatsbibliothek München, Liber matutinalis, Codex Lat. 17401, fol. 14 r, 1206-1225).

Douce-Manuskript (um 1272, Bodleian Library Oxford, Ms.180, fol. 33 v/ 43v).

In Oxford befindet sich eine eindrucksvoll illuminierte Apokalypsen-Handschrift, um 1272 angefertigt, das sog. **Douce-Manuskript**.[92] Auf zwei Seiten wird die Apokalyptische Frau in großen Sonnenringen gezeigt, den Sichelmond zu Füßen, in blau-roter Gewandung mit weißem Kopftuch. Typisch ist seit dem zwölften Jahrhundert auch hier, dass der Seher von Patmos das *Signum Magnum* erblickt, die Frau in den Sonnenkreisen – der Visionär erscheint sehr gelassen in der linken unteren Ecke mit Stab und Buch. Im Spätmittelalter wird dieses Motiv: Visionär und Sonnenfrau, häufig aufgegriffen. Die Douce-Apokalypse zeigt sich inhaltlich eher illustrativ zum Bibeltext denn ausdeutend. Die Identifizierung der Frauengestalt mit Maria ist dezent durch die typische Gewandung nahegelegt, aber nicht akzentuiert.

Deutlicher ist die marianische Deutung der Apokalyptischen Frau im **Krumauer Bilderkodex**, der nach 1355 für das böhmische Minoritenkloster Krumau verfasst und illustriert worden ist. Hier wird das Sonnenmotiv – wie beim Marmorrelief in S. Maria Mater Domini (Venedig)[93] – direkt christologisch ausgeführt, inspiriert von den byzantinischen Platytera-Ikonen: Die geflügelte Frau mit Sternenkrone und Nimbus trägt vor sich ein Sonnenmedaillon, in dem Christus als Schmerzensmann zu sehen ist. Auf dem linken Arm trägt sie das Jesuskind mit Kreuznimbus, Buch und Reichsapfel.

Die Zeichnung stellt das Titelbild des monastischen Erbauungsbuches dar: „Über den komplexen theologischen Inhalt hinaus, den diese Verdichtung verschiedener marianischer und christologischer Motive zum Ausdruck bringt (Zwei-Naturen-Lehre, Compassio-Gedanke, Immaculata Conceptio), wird deutlich, daß die Kombination Marias als apokalyptisches Weib mit dem Passionschristus über die Bedeutung des Apokalypsetextes weit hinausgeht. Da es sich noch dazu um das Titelblatt einer Bilderhandschrift für Kleriker handelt, wird der zur Andacht und Meditation anregende Sinn der Darstellung offenkundig", so schreibt die Kunsthistorikerin Kopp-Schmidt.[94] Auch wenn es sich nicht um einen kompletten Offb-Kommentar handelt, erkennt man doch die eindeutige Charakterisierung der Apokalyptischen Frau als die Mutter Jesu, als die Madonna – im 15. Jahrhundert wird diese klare Identifizierung innerhalb der Kirche dominierend. Das Krumauer Frontispiz verweist uns dazu auf die ausgeprägte Passionsfrömmigkeit, die zusammen mit der Marienfrömmigkeit ab dem 14. Jahrhundert massiv zugenommen hat, was in den Vesperbild-Skulpturen (Pietà) seinen stärksten gemeinsamen Ausdruck findet.

Krumauer Bilderkodex – Titelblatt „Apokalyptische Frau" (Österreichische Nationalbibliothek, Wien, Codex 170, fol 1 r).

Im Spätmittelalter entsteht neben dem Bildtypus der Pietà die Strahlenkranz- bzw. Sichelmond-Madonna, deren Attribute direkt aus *Offb 12* hergeleitet sind. Der Typus ist in den hochmittelalterlichen Bibelillustrationen vorbereitet worden, z. B. im Heiligenkreuzer Rupert-Kommentar (13. Jh.). Ab dem 15. Jahrhundert steht diese Darstellungsweise in voller Blüte und findet sich ebenso im skulpturalen Kunstbereich sehr häufig, in den gotischen Kathedralen und bei den Hausmadonnen der aufsteigenden Städte.

Die Apokalyptische Frau in der Bildhauerkunst ab 1400

Durch den Kathedralbau in Europa ist die Kunst der Bildhauer und Steinmetze ab dem 13. Jahrhundert stark verbreitet worden und vielfach erhalten geblieben. Skulpturen Christi, Marias und der Heiligen wurden tausendfach hergestellt und blieben nicht auf den Kirchenbau beschränkt. Drei Beispiele mögen dies zeigen.

Marienglorioe (Tympanon des Westportals der Kathedrale St. Peter, Regensburg, Anfang 15. Jh.)

Die gotische Kathedrale von Regensburg weist ein reichlich mit Figurenschmuck ausgestattetes Westportal auf, mit einer kleinen Triangel-Vorhalle. Der Skulpturenschmuck im Tympanon und in den Bogenläufen (Archivolten) zählt zu den qualitätvollsten in der Gotik Süddeutschlands und wurde von der Patrizierfamilie der Gamered von Sarching gestiftet, geschaffen zwischen 1405-1410;[95] er bietet in 24 Einzeldarstellungen ein Marienleben von der Wurzel Jesse über die Eltern Mariens, über den Tempelgang, Verkündigung samt Geburt Jesu und Flucht nach Ägypten bis hin zum Tod Mariens, Grablegung und Aufnahme in den Himmel. Letzteres wird mit der von Engeln getragenen **Strahlenkranzgloriole** dargestellt, die das optische Herzstück des ganzen Portals bildet. Darüber sieht man Gottvater, wie er seinen Sohn mit der bräutlichen Kirche verbindet, die marianische Züge trägt.

Sonnen-Madonna in der Frauenkirche Nürnberg (über dem Tucher-Altar im Chor, um 1440, 2009 restauriert).

Die sog. **Strahlenkranz-Madonna** mit Kind in der **Nürnberger Frauenkirche** am Marktplatz wurde um 1440 zunächst als bloße Figur von unbekannter Hand geschaffen – sie entspricht noch dem Typus der Schönen Madonna (ohne Krone und Zepter), nicht der Himmelskönigin.[96] 1522 ließ Jakob Welser die Madonna in ein prächtiges Arrangement einfügen, das über seinem Familienaltar montiert wurde – je zwei Engel, dem Jesuskind nachempfunden, halten Maria einen Sichelmond zu Füßen und eine Krone über den Kopf. Im Rücken wurde eine kreisförmige Sonne mit Strahlen montiert – eine Seltenheit, da sonst die ovale Strahlenkranzform dominiert, ohne Scheibenfläche. Ähnlich wie der berühmte Engelsgruß von Veit Stoß in der Nürnberger St. Lorenz-Kirche wurde das Arrangement bald nach der Aufhängung durch die Reformation 1525 zum unerwünschten Symbol der angeblich abgöttischen Marienverehrung; doch beide überstanden die Jahrhunderte und konnten im 19. bzw. 20. Jahrhundert wieder aufgehängt werden. Die runde Sonne in der Frauenkirche dürfte erst aus dem 19. Jahrhundert stammen, vielleicht inspiriert durch die Darstellung der Apokalyptischen Frau in Mallersdorf (vgl. unten).

In Regensburg finden sich eine ganze Reihe von öffentlichen Mariendarstellungen und Hausmadonnen, so z. B. das schöne **Steinrelief an der Alten Dechantei** in Nachbarschaft zur Stiftskirche „Alte Kapelle". Ein Dechant des 15. Jahrhunderts ließ über einem kunstvollen Korbbogen-Portal ein frommes Hauszeichen mit Jahreszahl und Wappen anbringen, darin eine Strahlenkranzmadonna, die im Volksmund „Türkenmadonna" genannt wird. Eine Besonderheit dieser gotischen Darstellung ist die Fiale über dem Haupt Mariens und das Brotstück, das sie in ihrer Rechten hält – beides verweist auf eine eucharistische Deutung: Maria als lebendiger Tabernakel (Sakramentshäuschen).[97] Der Sichelmond zu ihren Füßen drückt einen geharnischten Kopf nieder, einen Soldaten – angesichts der Eroberung Konstantinopels durch die Osmanen 1453 soll diese Darstellung wohl keinen personifizierten Mond verwenden, sondern den

Triumph der Kirche über den türkischen Halbmond symbolisieren: Maria mit dem Kind siegt auch über militärische Macht!

Strahlenkranz-Madonna (Steinrelief, Alte Dechantei Regensburg, 1464)

Graphische Darstellungen im neuen Buchdruck

Im 15. Jahrhundert veränderte der aufkommende Buchdruck – den Auftakt stellt die Gutenberg-Bibel von 1454 dar – auch die Welt der christlichen Kunst; die Buchmalerei verschwand um 1500 rasch. Holzschnitt und Kupferstich stellten die neuen Techniken des Graphischen dar, die für ein großes Publikum massenhaft Drucke lieferten, zu-

Albrecht Dürer, Titelillustration der Apokalypse von 1511

nächst unkoloriert. Die 1485 gedruckte Straßburger Bibel bietet bereits Holzschnitt-Illustrationen, auch zu *Offb 12*.[98] Doch der überragende Meister in dieser Zeitenwende sollte ein gelernter Goldschmied und Kupferstecher aus Nürnberg sein, Albrecht Dürer (+ 1528).[99]

Berühmt wurde der Künstler mit seinen 16 großformatigen Holzschnitten zur **Johannes-Apokalypse**, die er zweimal herausgab: „Die heimlich Offenbarung Johanis“ (1498), „Apocalipsis cum figuris“ (1511). Bei der zweiten Auflage in lateinischer Sprache hatte er die Schriftgraphik im Frontispiz ergänzt um ein Bild des Sehers von Patmos mit Adler, der angesichts der Himmelskönigin samt Kind mit Strahlenaureole und Sichelmond seine Visionen niederschreibt.

Die apokalyptische Frau (Albrecht Dürer, 1498/1511, Holzschnitt)

Mit den Holzschnitten zur Apokalypse wurde Dürer über Deutschland hinaus bekannt (besonders in Venedig). Er versuchte direkt vom Bibeltext her kompilierend Szenen darzustellen, so auch *Offb 12*: Die Apokalyptische Frau erscheint bereits geflügelt, nach der Geburt – das Kind wird von zwei Engeln zum himmlischen Vater emporgetragen, der in seiner Erhabenheit den oberen optischen Bezugspunkt bildet. Die Frauengestalt erscheint mit gefalteten Händen und geneigtem Kopf vor einem dezenten Strahlenschein, eine Krone von Sternen auf dem Haupt. Sie scheint fast zu lächeln, denn der Drache konnte ihr Kind nicht verschlingen, und der Wasserschwall, der aus einem der Drachenmäuler strömt, fließt als Rinnsal davon. Imposant am Drachen ist sein langer Schwanz am rechten Rand, der vertikal gewunden bis in den Sternenhimmel reicht. Wenn Dürer auch auf marianische Attribute außerhalb von *Offb 12* verzichtet hat, so entspricht die Apokalyptische Frau dem spätgotischen Madonnentypus, was Haltung und Gewandung angeht.

„Es war eine Sternstunde der Buchkunst, als Albrecht Dürer im Jahr 1511 vier mit Holzschnitten illustrierte Bücher veröffentlichte: die bereits 1498 erschienene *Apokalypse* in einer lateinischen Neuausgabe, die *Große Passion* und das *Marienleben*", so Rainer Schoch.[100] Letzteres Werk rühmt Giorgio Vasari als unübertrefflich. Den Text bildet das **Marienleben** (Partenice Mariana) aus der Feder des Karmeliters Baptista Matuanus (Chelidonius), der theologisch die auf dem Konzil von Basel 1439 angenommene, aber nicht päpstlich approbierte Lehre der *Immaculata conceptio* vertrat.[101] Sein nicht-illustriertes Buch von 1500 war ein Bestseller, Dürer brachte es nun mit Holzschnitten erneut auf den Markt.

Das Titelbild stellt gemäß hochmittelalterlicher Manier (vgl. Krumauer Andachtsbuch) Maria als Apokalyptische Frau dar, aber in einer einzigartigen Präsentation – einer Zusammenschau von Himmelskönigin und liebevoller Mutter. Als stillende Mutter, als *Maria lactans*, sitzt sie im Dreiviertelkreis, den der Sichelmond mit lang ausgezogenen Spitzen bildet, von den Sonnenstrahlen im Rücken umgeben. Ihre Gestalt entspricht geometrisch einem Dreieck; prächtig ist ihre Gewandung staffiert und gefaltet. Maria sitzt auf einem großen Kissen mit vier Quasten. Ein Sternenkranz bildet eine schwebende Krone über ihrem Haupt, das leicht geneigt ist, mit nachdenklich-frohem Blick.

Dürer bietet eine Synthese aus der himmlischen Vision von *Offb 12*, aus der Himmelskönigin, und fürsorglicher Mütterlichkeit der Frau aus Nazareth. So kann der gläubige Mensch auf der Erde vertrauensvoll bei dieser himmlischen Fürsprecherin seine Zuflucht nehmen.

„Marienleben" (Holzschnitt des Titelblatts von 1511, von Albrecht Dürer)

Bibelillustration zu Kapitel 12 – Holzschnitt von Hans Burgkmair (1523, Wien, Graphische Sammlungen).

Von Dürer inspiriert erscheint die Bibelillustration von **Hans Burgkmair** und von Hans Holbein dem Jüngeren, beide aus dem Jahre 1523. Lukas Cranach hat 1522 illustrierende Holzschnitte zu *Offb 12* und der Apokalyptischen Frau herausgegeben.[102] Burgkmair gelingt dramaturgisch eine eigene Szenerie, im Stil ist er von Dürers Apokalypse abhängig; er bringt die Bundeslade aus *Offb 11,19* ins Bild, verzichtet auf die Flügel und nimmt den Mond als Kugel (mit Gesicht).

Virgil Solis präsentiert 1560 in einem üppigen Renaissance-Rahmen *Offb 12* in seinen Holzschnitten zur Bibel – Gottvater ist stark zurückgenommen, der Drache kommt wie ein Gewitter daher, die geflügelte Frau scheint trotz der Sonnengloriole und Krone mit Sternenring in betend-bittender Haltung.

Bibelillustration zu Apk 12 – Holzschnitt von Virgil Solis (1560)

Strahlenkranz-Madonna von 1621, Steinskulptur an der Niedermünsterkirche Regensburg

Die Regensburger Niedermünsterkirche zeigt über dem kunstvollen Westportal eine repräsentative **Strahlenkranz-Madonna** von 1621. Die von einem Renaissance-Bildhauer geschaffene Sandsteinfigur zeigt die volle Blüte des in der Gotik entwickelten Typus der Himmelskönigin mit Kind samt den Motiven Sichelmond, Strahlengloriole und Sternenkranz.[103] Der Auftrag durch die Äbtissin des Niedermünsterstifts wurde angeregt durch die Aufstellung der Bronze-Figur der „Patrona Boiaria" an der Residenz Herzog Maximilians I. in München 1616. Der Regensburger Künstler hat sich in Einzelmomenten inspirieren lassen, bietet aber eine selbständige Darstellung, die optisch vom Strahlenkranz dominiert wird.

Eine fulminante **Apokalyptische Frau** hat der Barockmaler Peter Paul Rubens 1625 als Auftragsarbeit für den **Dom von Freising** geschaffen, als Hauptblatt des Hochaltars.[104] Es zeigt die Verbindung einer Immaculata mit Flügeln und Kind sowie einen Höllensturz mit dem Erzengel Michael als beherrschender Gestalt; seine Engel stoßen mit der Lanze einen wütenden Drachen in die Tiefe. Der Höllensturz ist dunkler gehalten und dominiert in der linken Bildhälfte den Vordergrund, die rechte ist lichter und dem Himmel zugeordnet, wo in der Höhe Gottvater thront, dem Maria – erkennbar in ihrer rot-blauen Gewandung – das Jesuskind entgegenstreckt. Die Sonnenstrahlen kann man in der Lichtdurchflutung der himmlischen Sphäre erkennen, auf Sterne hat Rubens verzichtet; die Frau steht auf einer Mondkugel, auf der sich eine Sichel abhebt. Um die Kugel windet sich die Schlange des Paradieses – diese Symbolik wird sich im 17. Jahrhundert zum Typus der „Maria de Victoria" weiterentwickeln, der allerdings kaum mehr mit der Apokalyptischen Frau in Beziehung steht.[105] Rubens personifiziert in der marianischen Apokalyptischen Frau die Kirche, ganz im Sinne der Katholischen Reform gemäß dem tridentinischen Konzil (1563 beendet). Das großartige Gemälde wurde vielfach kopiert und wirkte stilbildend; es befindet sich im Original heute in der Alten Pinakothek in München.

Peter-Paul Rubens, Das apokalyptische Weib (Hochaltargemälde im Freisinger Dom, 17. Jh.)

Die **Würzburger Marienkapelle**, eine Bürgerkirche am Hauptmarkt aus dem 14. Jahrhundert, erhielt 1713 für ihren hochgotischen, roten Turm eine vergoldete Strahlenkranzmadonna, ausgeführt vom Goldschmied Martin Nötzel. Das gotische Motiv: Apokalyptische Frau im Strahlenkranz, auf Sichelmond und mit Sternenkranz wurde mit dem Typus Immaculata verbunden: um die Mondsichel windet sich eine grüne Schlange mit Apfel im Maul; die Haltung Mariens ist barock bewegt, ohne Kind; die linke Hand ist verzückt auf die Brust gelegt; die Rechte hält eine große Lilie; auf Krone und Zepter wurde verzichtet. Der Entwurf stammt von Jakob van der Auwera, der den vorherrschenden Typus des frühen 18. Jahrhunderts, die Immaculata, mit Rücksicht auf die gotische Kirche mit einer Strahlenkranzmadonna synthetisiert hat.

Immaculata im Strahlenkranz, Marienkapelle Würzburg (1713)

Im niederbayrischen **Mallersdorf** konnten die Franziskanerinnen gleichen Namens im 19. Jahrhundert ein ehemaliges Kloster übernehmen und ausbauen. Von 1740 bis 1792 hatten die Benediktiner ihre Klosterkirche St. Johannes Evangelist im Stil des Rokoko ausgestattet. Der Bildhauer Ignaz Günther (+ 1775) hat, inspiriert von den Altarskulpturen des Egid Quirin Asam, für diese Wandpfeilerbasilika in koloriertem Holz eine plastische Szenerie im **Hochaltaraufzug** geschaffen, mit einer großen, jedoch stark verdeckten Sonnenscheibe dahinter.

Das gemalte Altarblatt stammt von Martin Speer aus dem Jahr 1749 und zeigt den Seher von Patmos; es wird von vier hellgrau-rötlich marmorierten Säulen flankiert. Oberhalb der Säulenkonstruktion schwebt die Apokalyptische Frau als geflügelte Gestalt, mit goldenem Zepter und Krone, als Maria-Kirche, bedroht von einem grünen, siebenköpfigen Drachen. Theatralisch wendet sich die prächtige Frauengestalt in weißer Gewandung von der Bedrohung ab, der Erzengel Michael kommt ihr mit gezücktem Flammenschwert zu Hilfe. Weitere Engel finden sich verteilt in dieser bewegten Szene, die Sterne fehlen ganz, der Mond ist als schmale Sichel zu Füßen der Apokalyptischen Frau kaum zu sehen. Die runde und große Sonne ist eine Seltenheit in solchen Darstellungen. Günther schuf diese Figuren von 1768 bis 1770.

Hochaltar der Kirche St. Johannes Evangelist in Mallersdorf (Ignaz Günther)

Im Regensburger Stadtteil **Stadtamhof**, auf einer Donauinsel gelegen, finden sich eine ganze Reihe von Hausmadonnen. Eine davon folgt dem Grundtypus **Apokalyptische Frau**, ohne Kind. Es handelt sich um eine Blechmalerei: das ovale, vergoldete Metall wurde zur Sonnenglooriole geschnitten, in deren Mitte die Jungfrau Maria steht, auf einem Sichelmond, mit Sternenkranz, der aus dem Blech ausgestanzt ist. Maria trägt ein weißes Untergewand und einen blauen Mantel. Die Hände hält sie verschränkt unter ein appliziertes Herz – Mitte des 19. Jahrhunderts war die Herz-Mariä-Verehrung durch päpstliche Förderung sehr populär.

Diese Darstellung befindet sich an einer Hausfront zu einem kleinen Platz hin; sie wurde installiert in Erinnerung an im Kampf gefallene Bürger von Stadtamhof. Eine runde Blechlampe mit ausgestanztem Stern verweist auf das fürbittende Gebet, das hier mit Mariens Fürsprache zum Himmel aufsteigen soll. Die Gestaltung Mariens entspricht dem Stil des 19. Jahrhunderts und scheint vom Gnadenbild des mexikanischen Guadalupe beeinflusst zu sein, wodurch sich auch die Motive der Apokalyptischen Frau erklären würden.[106]

Blechmalerei von 1862, Regensburg-Stadtamhof

Darstellungen der Apokalyptischen Frau in Kirchen seit 1949

Nach dem Zweiten Weltkrieg wurde im deutschsprachigen Raum in den neuen künstlerischen Ausgestaltungen der Kirchen nicht selten die Apokalypse aufgegriffen. Ein markantes Beispiel stellt das **Rosenkranz-Triptychon** in der Pfarrkirche von Wien-Hetzendorf dar, dass von 1958 bis 1960 der Wiener Künstler **Ernst Fuchs** (1930-2015) geschaffen hat; der bekannte Maler gehört dem sog. Phantastischen Realismus an. Die drei farbstarken Gemälde thematisieren die klassischen Geheimnisse des Rosenkranzes – neben dem glorreichen (Mystische Vermählung) und schmerzhaften Geheimnis (Golgotha) symbolisiert bei Fuchs die Apokalyptische Frau den freudenreichen Rosenkranz. Das großformatige Triptychon hängt hinter einem Volksaltar, die quadratischen Bilder haben eine Seitenlänge von drei Metern und sind auf zugeschnittene Ziegenhäute gemalt, als Pergamentmalerei in großer Dimension.[107]

Das linke Gemälde weist einen kobaltblauen Hintergrund auf. Hinter der marianischen Frauengestalt ist in Gold ein schemenhafter Engel mit großen Füßen und Händen zu sehen, dessen „dritte Hand" eine fast säulenartige Lanze aus Kristall nahezu vertikal in den Drachen stößt. Hinter dem Kopf und der erhobenen rechten Hand der hintergründigen Gestalt ist eine goldene Sonne zu erkennen. Da Fuchs sich an gotischen Buchilluminationen orientiert, wäre dieser Engel mit dem Erzengel Michael zu identifizieren, will sich laut Beschreibung aber als Verkündigungsengel verstanden wissen.

Maria ist von einem goldenen Strahlenkranz umrandet, ebenso das hieratische Kind, das sie in einer Gloriole gehend trägt; dieses ist dem Prager Jesulein nachempfunden – beide sind in roten Linien auf goldenem Grund gezeichnet. Unter den Füßen Mariens sieht man einen feinen schwarzen Sichelmond. Der Drache ist in einem dunkleren Rot gezeichnet, wenig furchteinflößend, mit kaum ausgeformtem Kopf, aber mit langem Schwanz, der bis zu den Sternen oben reicht. Diese Darstellung von Fuchs besticht durch ihre starke Farbgebung und die Eigenwilligkeit der Interpretation und Modifizierung klassischer Motive.

Rosenkranz-Triptychon von Ernst Fuchs in der Pfarrkirche von Wien-Hetzendorf

Ab dem späten 19. Jahrhundert wurden mit der Neugotik wieder aufwän dige und thematische Buntverglasungen in Kirchen eingebracht; nach dem Zweiten Weltkrieg taucht die Apokalypse als Thema von solchen Verglasungen auf. Emil Wachter (+ 2012), der sich mehrfach dem Thema der Apokalypse gewidmet und seine Kunstwerke oft in Kirchen eingebracht hat, schuf z. B. die Glaswand von St. Marien in Neuss (1985).[108]

1965 wurde die Pfarrkirche **St. Johannes Evangelist in Weiden** (Oberpfalz) mit einem Zyklus zur Johannes-Offenbarung ausgestattet. Acht große Vertikalfenster zeigen farbenfrohe Szenen, so auch zu *Offb 12*, mit der Apokalyptischen Frau und dem Drachen. Die Frauengestalt ist nicht marianisch akzentuiert – sie rettet das Kind vor dem feuerroten Drachen. Sichelmond und Sternenaureole sind dezent präsentiert. Die Entwürfe hat der Weidener Kunstmaler Franz Friedrich (1907-1973) geschaffen, ausgeführt von Glasermeister Ludwig Höller aus Parkstein (+ 2013).

Pfarrkirche St. Johannes Evangelist in Weiden (Oberpfalz): Die Apokalyptische Frau mit dem Drachen (Franz Friedrich / Ludwig Höller 1965) Foto: Privat

In der katholischen Pfarrkirche Kirche „Heilige Familie“ in Altenstadt (Neustadt an der Waldnaab) findet sich ein neunteiliger Fensterzyklus zur Johannes-Offenbarung, als horizontales Rechteckfenster unterhalb des westlichen Dachansatzes. Als zentrales Glasbild sieht man vor weißen Lichtstrahlen eine blaugewandete Madonna mit Kind und Sternenkranz. Diese Zeltdachkirche wurde 1962 errichtet.

In der Stadtpfarrkirche von Nittenau bei Regensburg befindet sich in einem thematischen Rundfenster zum Rosenkranz im Zentrum die Apokalyptische Frau, mit Kind, mit Sonne und Mond, mit Schlange, entworfen vom Glaskünstler Erich Schickling. Während das Jesuskind einen runden Kreuzesnimbus aufweist, umrandet den Kopf der blaugewandeten Frauengestalt ein eckiger Nimbus.[109]

Neben den Buntverglasungen finden sich in Kirchen ab 1949 ebenso Fresken zur Apokalypse, zum Teil großformatig, an Wänden (z. B. in Seckau, von Herbert Boeckl 1960), oft im Chorraum (St. Elisabeth, Köln-Hohenlind, von Peter Hecker 1949) oder gar in Apsiskonchen (St. Aposteln, Köln 1993).[110]

Nur exemplarisch konnte dieser Durchgang durch die Kunstgeschichte der letzten 1500 Jahre ausfallen, auf der Suche nach Darstellungen der Apokalyptischen Frau, welche ab dem Jahr 1300 oft klar marianisch akzentuiert ausgeführt worden sind. Während im Frühmittelalter noch die möglichst treue Illustration des Bibeltextes der Johannes-Offenbarung leitend war, wurden ab dem 14. Jahrhundert Stilisierung und künstlerische Ausgestaltung immer bedeutender, wobei das Motiv: Frau mit Kind, bedroht vom Drachen, am meisten Zuspruch bei den Künstlern bzw. bei den kirchlichen Auftraggebern gefunden hat.

Prolog

Dieses Bändchen über die „Apokalyptische Frau in marianischer Deutung“ möchte nicht nur zurückblicken, auf die Frömmigkeit vergangener Zeiten und deren Kunst; es soll ermutigt werden zu einer Erneuerung biblisch-marianischer Frömmigkeit, die dazu den himmlischen Impuls der Marienerscheinung von Fátima aufnimmt.

Am 13. Oktober 1917 ließ Gott vor 70 000 Menschen, vor Gläubigen wie Skeptikern, die gleißende Sonne rotieren, auf die präzise Ansage Mariens hin – ein *Signum Magnum* für das 20. Jahrhundert, mit seinen furchtbaren Kriegen, mit der verheerenden Spanischen Grippe, mit den Diktaturen von Nationalsozialismus und Kommunismus, mit dem Beginn der Schlächterei an den ungeborenen Kindern, mit der geistigen Seuche von Agnostizismus und zerstörerischem Individualismus wie Kollektivismus, von technologischer und sozialer Dehumanisierung sowie tiefreichender Verwirrung innerhalb der Kirche – vieles davon reicht in die Gegenwart oder entfaltet sich weiter, ergänzt um islamistischen Terror und die Konflikte der Großmächte um die Vormachtstellung.

In Fátima hat Gott Maria erneut als himmlische Sonnenfrau erscheinen lassen, die uns von Herzen beisteht als Königin des Rosenkranzes. Sie sorgt sich um die irdische Kirche, die erneut verfolgt wird, wiederum bedroht ist, von inneren und äußeren Feinden – sie wird von Gott bewahrt um des Sohnes willen – Jesus Christus, unseres Heilands.

Ich will dieses Bändchen abschließen mit einem von Bischof Rudolf Graber formulierten Mariengruß, den er am 26. September 1971 in Altötting zum Abschluss des IV. Fátima-Kongresses an die Gottesmutter gerichtet hat.

So grüßen wir nun zum Schluß Maria als das große Zeichen am Himmel, das dem Kommen ihres Sohnes vorausgeht, weil die Mutter immer dem Sohn vorausgeht. Wir grüßen sie als die, die in Fátima der Welt den Frie-

den bringen wollte, wenn man die Forderungen ihres mütterlichen Herzens erfüllt. Wir grüßen sie als die Rosenkranzkönigin und versprechen ihr, dieses ihr Gebet treu zu verrichten, und erinnern uns an das Wort des Dichters: „Was wäre die Welt, wenn sie eins wäre im Gebet!".

Wir grüßen sie als die Siegerin in allen Schlachten Gottes und als die Mutter der Kirche, die den Karfreitag der Kirche beenden und der Kirche ein neues Ostern schenken wird. Wir grüßen sie als die Königin des Friedens, die auf unser Gebet hin der Welt den ersehnten Frieden bringen wird, wenn ihr makelloses Herz triumphiert. Dann werden wir das ewige Magnifikat anstimmen, das Magnifikat des Ruhmes, der Liebe und des Dankes an das Herz Jesu, in dem allein wir den Weg, die Wahrheit und den Frieden finden.[111]

Literaturverzeichnis

Hans-Urs von Balthasar, In der Wüste – Das Weib und der Drache, in: *Ders.*, Maria für heute, Freiburg 1987 (Herder, 70 S.), S. 7-20.

Hans-Urs von Balthasar, Die Apokalypse (darin: Das gebärende Weib, S. 125 f.), in: Die Bilder der Bamberger Apokalypse. Mit Interpretation von Hans Urs von Balthasar (Teilfaksimile der Bamberger Apokalypse, mit 49 Bildern), Stuttgart 1980.

Joop van Banning SJ, Die Auslegung von Offenbarung 12 bis ins 12. Jahrhundert, in: Kurt Huber / Rainer Klotz / Christoph Winterer (Hrsg.), Tot sacramenta quot verba. Zur Kommentierung der Apokalypse des Johannes von den Anfängen bis ins 12. Jahrhundert, Münster 2014, S. 219-258.

Paul Becker, Das Bild der Madonna. Skulpturen von der Romanik bis zum Barock, Salzburg 1965.

Rüdiger Beile, Zwischenruf aus Patmos. Eine neue Gesamteinschätzung der Apokalypse des Johannes von Ephesus, Göttingen ^{2}2005.

Klaus Berger, Die Apokalypse des Johannes, Kommentar in zwei Teilbänden, Freiburg 2017 (Tbd.2, S. 852-948).

Klaus Berger, Die Offenbarung des Johannes (Offb 12,1-5), in: *Ders.*, Kommentar zum Neuen Testament, Gütersloh 2011, S. 1026f.

Maura Böckeler OSB, Das große Zeichen (Apokalypse 12,1) – Die Frau als Symbol göttlicher Wirklichkeit, Salzburg 1941.

Raymond E. Brown u.a. (Hg.), Maria im Neuen Testament. Eine ökumenische Untersuchung, Stuttgart 1981, S. 173-188.

Lilli Burger, Die Himmelskönigin der Apokalypse in der Kunst des Mittelalters (Neue dt. Forschungen, Abt. Kunstwissenschaft u. Kunstgeschichte, Bd.2), Berlin 1937.

Richard K. Emmerson / Bernard McGinn (Hg.), The Apocalypse in the Middle Ages, Ithaca u. London 1992.

Christian Moritz Engelhardt, Herrad von Landsperg, Äbtissin zu Hohenburg, oder St. Odilien, im Elsaß, im zwölften Jahrhundert; und ihr Werk: Hortus deliciarum, Stuttgart und Tübingen 1818, Bd. 1: Ein Beitrag zur Geschichte der Wissenschaft, Literatur, Kunst, Kleidung, Waffen und Sitten des Mittelalters; Bd. 2: Systematische Auswahl vom Verfasser nach dem Codex verfertigter Nachbildungen.

Josef Ernst, Die „himmlische Frau" im 12. Kapitel der Apokalypse, in: ThGl 58 (1968) 39-59.

André Feuillet, „Die Frau mit der Sonne bekleidet“ (Apk 12) und die Verherrlichung der Braut des Hohenliedes (6,10), in: Siegburger Studien XXI (1988), S. 29-96.

J. Fonrobert, Artikel „Apokalyptisches Weib“, in: Lexikon der christlichen Ikonographie, Bd. I, Freiburg 1968, Sp. 145-150.

J. Frey, Die Himmelskönigin, die Sonnenfrau und die Johannesapokalypse: zum mythologischen Hintergrund und zur textpragmatischen Funktion eines wirkmächtigen Bildmotivs, in: Wiener Jahrbuch für Theologie 5 (2004) 95-112.

Erich Garhammer, Bildmontagen – Die Apokalypse in der Bibel und in den Künsten, Regensburg 2012.

Heinz Giesen, Die Offenbarung des Johannes (Regensburger NT), Regensburg 1997.

Hildegard Gollinger, Das „Große Zeichen“ von Apokalypse 12 (Stuttgarter Biblische Monographien, 11), Stuttgart 1971.

Hildegard Gollinger, Art. „Apokalyptische Frau“, in: MarLex I (1988), 190-193.

Hans-Georg Gradl, Die Gliederung der Offb und die Deutung der Himmelsfrau Offb 12, in: Ders. u.a. (Hg.), Am Ende der Tage. Apokalyptische Bilder in Bibel, Kunst, Musik und Literatur, Regensburg 2011, S. 27-29.

Gisbert Greshake, Maria – Ecclesia, Regensburg 2014 (darin: § 4: Maria in der Offenbarung des Johannes?, S. 93-97).

M. Gruber, Wer ist die apokalyptische Frau? Eine Interpretation von Offb 12,1-17, in: G. Brüske u.a. (Hg.), Oleum laetitiae, Münster 2003, S. 407-418.

Ernst Haag, Ein großes Zeichen am Himmel. Tradition und Interpretation in Offenbarung 12, in: TThZ 121 (2012) 1-23.

Friedhelm Hofmann, Zeitgenössische Darstellungen der Apokalypse-Motive im Kirchenbau seit 1945 (Kap. 3: Die Apokalyptische Frau, S. 115-133), München u. Zürich 1982.

Friedhelm Hofmann, Der Kampf mit den gottfeindlichen Mächten. Die Frau und der Drache, in: Die Tagespost vom 29.4.2010, Nr. 50/51, S. 6 (Kirche aktuell).

Markus Hofmann, Überlegungen zur mariologischen Auslegung von Offb 12, in: Spes nostra firma, hg. von Th. Marschler u. Chr. Ohly, Münster 2009, S. 139-163.

Konrad Huber, Perspektiven auf das Gottesvolk in Offb 12-14, in: Th. Schmeller u.a. (Hg.), Die Offenbarung des Johannes. Kommunikation im Konflikt, Freiburg 2013, S. 165-185.

Kurt Huber / Rainer Klotz / Christoph Winterer (Hg.), Tot sacramenta quot verba. Zur Kommentierung der Apokalypse des Johannes von den Anfängen bis ins 12. Jahrhundert, Münster 2014.

Wilhelm Kamlah, Apokalypse und Geschichtstheologie. Die mittelalterliche Auslegung der Apokalypse vor Joachim de Fiore, Berlin 1935 / Vaduz 1965.

Altfrid Kassing OSB, Die Kirche und Maria. Ihr Verhältnis im 12. Kapitel der Apokalypse, Düsseldorf 1958 (Rezension durch R. Schnackenburg, in: MThZ 10, 1959, S. 240 f.).

Altfrid Kassing, Der heilsgeschichtliche Ort Mariens in der Kirche nach Apk 12, in: Maria et ecclesia, Bd. III, Rom 1959, S. 39-60.

F. W. Köster, Art. „Apokalyptisches Weib – Exegese", in: Lexikon der Marienkunde, Regensburg 1967, Sp. 306-308.

Otto Knoch, Offb 12: Die apokalyptische Frau, in: W. Beinert / H. Petri (Hg.), Handbuch der Marienkunde, Regensburg 1984, S. 82-84.

Gabriele Kopp-Schmidt, Maria – das Bild der Gottesmutter in der Buchmalerei, Freiburg 1992, darin: Apokalyptisches Weib und Strahlenkranzmadonna, S. 82-88.

Heinrich Kraft, Die Bilder der Offenbarung des Johannes, Frankfurt 1994.

Gregor Martin Lechner, Marienverehrung und Bildende Kunst, in: W. Beinert, Handbuch der Marienkunde, Bd. 2, Regensburg [2]1997, S. 109-172 (Kurzform von: „Marienbild" und „Marienleben", in: LCI III, Freiburg 1971, S. 154-201 u. 212-233).

Karl-Heinz Menke, Fleisch geworden aus Maria. Die Geschichte Israels und der Marienglaube der Kirche, Regensburg 1999 (darin: „Maria in der Geheimen Offenbarung?", S. 57-60).

J. Michl, Die Deutung der apokalyptischen Frau in der Gegenwart, in: BZ 3 (1959) 301-309.

J. Michl, Art. „Apokalyptisches Weib – Deutungsgeschichte", in: Lexikon der Marienkunde, Regensburg 1967, Sp. 308-310.

Johanna Monighan-Schäfer, Offenbarung 12 im Spiegel der Zeit. Eine Untersuchung theologischer und künstlerischer Entwicklungen anhand der apokalyptischen Frau, Saarbrücken 2012.

Franz Mußner, Maria, die Mutter Jesu im Neuen Testament, St. Ottilien 1993 (Kap. „Sonnenweib und Drache", S. 119-155).

Clelia Maria Piastra / Francesco Santi (Hg.), Maria, l'apocalisse e il medioevo (Atti del III Convegno Mariologico della Fondazione Ezio, Parma 2002), Florenz 2006.

Hugo Rahner, Maria und die Kirche, Innsbruck 1961.

Hugo Rahner, Symbole der Kirche. Die Ekklesiologie der Väter, Salzburg 1964 (S. 89-173).

Jörg Schlechl, Von der verfolgten Kirche zur schamvollen Gottesmutter – Die Kommentierung von Apokalypse 12 im antiken Christentum, Innsbruck 2020.

Th. Schmeller u.a. (Hg.), Die Offenbarung des Johannes. Kommunikation im Konflikt (QD 253), Freiburg 2013.

Christoph Schaefer, „Und sie gebar einen Sohn…" (Offb 12,5). Geburts-Christologie und Mariologie in der Johannesoffenbarung, in: H.-G. Weidemann (Hg.), „Der Name der Jungfrau war Maria", Stuttgart 2018, S. 365-384.

S. Schreiber, Die Sternenfrau und ihre Kinder (Offb 12). Zur Wiederentdeckung eines Mythos, in: NTS 53 (2007) 436-457.

Aristide Serra, Testimonianze mariane in Luca e Giovanni, in: Storia della Mariologia, Bd. 1., S.79-140, speziell S. 129-140 („La Donna, ravvolta di sole (Ap 12)").

J. Sickenberger, Die Messiasmutter im 12. Kapitel der Apokalypse, in: ThQ 126 (1946) 357-427.

Erdmute Siegfried, Maria auf der Mondsichel. Ein Beitrag zur Ikonographie der apokalyptischen Muttergottes, Göttingen 1958.

Thomas Söding, Das Kind uns seine Mutter (Offb 12), in: Ders. (Hg.), Der Gottessohn aus Nazareth. Das Menschsein Jesu im Neuen Testament, Freiburg 2006, S. 144-149.

Ernst Othmar Steinmann, Artikel „Apokalyptische Frau" (Kunstgeschichte), in: Marienlexikon I (1988) S. 191 f.

Felise Tavo, Woman, Mother and Bride. An exegetical Investigation into the „Ecclesial" Notions of the Apocalypse, Leuven u.a. 2007.

E. M. Vetter, Mulier amicta sole und Mater Salvatoris, in: Münchener Jahrbuch der bildenden Kunst 3 (1958/59) 32-71.

Anton Vögtle, Mythos und Botschaft in Apk 12, in: J. Gert (Hg.), Tradition und Glaube, Göttingen 1971, S. 395-415.

Anton Ziegenaus, Artikel „Apokalyptische Frau" (Dogmatik), Marienlexikon I (1988) S. 191.

Weitere Literaturangaben finden sich in den folgenden Anmerkungen, wenn sie aus allgemeinen Werken stammen, die nicht spezifisch das Thema der Johannes-Offenbarung behandeln.

Anmerkungen

1 Version des Liedes „Seht an wer ist doch diese" (Gotteslob 1975); vgl. dazu: *Hermann Kurzke u. C. Schäfer*, Mythos Maria. Berühmte Marienlieder und ihre Geschichte, München 2014, S. 216ff.
Im Lied „Maria aufgenommen ist" (GL 2011, Nr. 522) heißt es in der zweiten Strophe: „Im Himmel ist sie Königin, Halleluja, und aller Welt ein Trösterin, Halleluja. O Zeichen groß: Ihr Kleid die Sonn, Halleluja, ihr Schuh der Mond, zwölf Stern ihr Kron, Halleluja …".
Neueren Datums ist der Liedtitel „Ave, sei gegrüßt", veröffentlicht von der „Gemeinschaft Emmanuel" (Altötting); der Refrain lautet: „Ave, sei gegrüßt, du Königin des Himmels, Jungfrau, Mutter Gottes, die Sonne ist dein Kleid, sternenkranz-umleuchtet, der Mond zu deinen Füßen. Du schenkst uns das Heil, in Jesus, deinem Sohn". Das vierstrophige Lied stammt aus Frankreich (Editions de l'Emmanuel, Paris 2000) und findet sich im von der Jugend 2000 herausgegebenen Liederbuch „Jubilate Deo" (^{3}2019, Nr. 725).

2 Vgl. *A. Feuillet*, „Die Frau mit der Sonne bekleidet" (Apk 12) und die Verherrlichung der Braut des Hohenliedes (6,10), in: Siegburger Studien XXI (1988), S. 29-96.

3 *F. Hofmann*, Zeitgenöss. Darstellungen der Apokalypse-Motive im Kirchenbau seit 1945, S. 115.

4 Berengaudus schreibt in seinem Apokalypsen-Kommentar: „Denn diese Frau bedeutet die Kirche. Aber wir können unter ihr auch verstehen die selige Maria. Sie ja die Mutter der Kirche. Denn sie hat den geboren, der das Haupt der Kirche ist" (Übersetzung von *H. Rahner*, Maria und die Kirche, S. 115).
Mit Berengaudus taucht auch die Identifikation des Drachen mit König Herodes auf; vgl. „Der rätselhafte Berengaudus" in: *A. Dittrich*, Mater Ecclesiae. Bedeutung u. Geschichte eines umstrittenen Marientitels, Würzburg 2009, S. 90-128.

5 Das Motiv: Der Seher von Patmos erblickt die Gottesmutter, war um 1500 in Deutschland sehr verbreitet: Hieronymus Bosch hat es schon im 15. Jh. dargestellt, neben Hans Baldung und Albrecht Dürer auch Albrecht Altdorfer.

6 Der 1940 vom Judentum zur Katholischen Kirche konvertierte Baron *Paul M. G. Lévy* (1910-2002) war Anfang der 1950er als Leiter der Kulturabteilung des

Europa-Rats mit der Sichtung von Vorschlägen für eine Flagge dieses Rates betraut; schließlich schlug er, beraten von seinem Mitarbeiter Arsène Heitz aus Straßburg (1908-1989), eine marineblaue Flagge mit einem Kranz von zwölf goldenen Sternen vor. Eine unbestätigte Erzählung berichtet von einem inspirierenden Spaziergang Lévys in Brüssel, bei dem er eine Madonna mit Sternenkranz vor blauem Himmel gesehen hätte (vgl. *Thomas Pinzka*, Der Sternenkranz ist die Folge eines Gelübdes, in: Die Welt, 26.8.1998). Der Generalsekretär des Europarates, Graf Benvenuti, griff diesen Vorschlag auf, da die anderen Entwürfe, die ein Kreuz enthielten, von den Sozialisten und der Türkei abgelehnt wurden. Am 8.12.1955 stimmte das letztentscheidende Ministerkomitee der damaligen EG dem Vorschlag zu.
Erst ab 29.5.1986 wurde diese blaue Flagge mit Sternenkranz zur offiziellen aller EU-Institutionen. Zuvor hatte 1979 der fränkische Abgeordnete des neuen Europa-Parlaments Ingo Friedrich mit anderen eine Resolution zur Schaffung einer gemeinsamen Flagge für alle EG-Organe eingebracht – sieben Jahre später kam das Anliegen zum Ziel. Es gibt auch andere, nichtchristliche Deutungen der Flagge – vgl. www.flaggenlexikon.de („Europäische Union", Zugriff 27.4.2022); sowie: de.wikibrief.org („Paul MG Levy", Zugriff 27.4.2022).

7 Papst Pius X., Enzyklika „Ad diem illum" (1904), dt. bei Graber-Ziegenaus (Regensburg 1997), S. 137-149, hier S. 147 f.: *Die Immaculata führt zur Gottesliebe" - … „Ein großes Zeichen", so beschreibt der Apostel Johannes das ihm zuteil gewordene Gesicht, „ein großes Zeichen erschien am Himmel: Ein Weib, bekleidet mit der Sonne, den Mond zu ihren Füßen, und eine Krone von zwölf Sternen auf ihrem Haupte" (Offb 12,1). Jeder aber weiß, daß dieses Weib niemand anderen bedeutet als Maria, die als unversehrte Jungfrau Christus, unser Haupt geboren. „Und das Weib", so fährt der Apostel fort, „war gesegneten Leibes und schrie in ihren Wehen und Geburtsnöten" (Offb 12,2). Der Apostel sah also die heilige Gottesmutter, obwohl sie bereits beseligt im Himmel war, doch an geheimnisvollen Geburtswehen leiden. Was für eine Geburt mag damit wohl gemeint sein? Zweifellos handelt es sich um die Geburt von uns selbst, die wir, in der irdischen Verbannung noch zurückgehalten, erst zu vollkommenen Liebe Gottes und zur ewigen Glückseligkeit geboren werden müssen. Die Geburtswehen Mariens aber veranschaulichen ihre Liebe und ihr Bemühen, mit denen die Jungfrau auf dem Himmelsthron wacht und ihre fortwährende Fürbitte zu bewirken sucht, daß die Zahl der Erwählten ihr Vollmaß erreicht.*

8 *Papst Pius XII.*, Munifecentissimus Deus, in: AAS 42 (1950) 763; dt. bei: *Rudolf Graber u. Anton Ziegenaus* (Hg.): Die Marianischen Weltrundschreiben der Päpste von Pius IX. bis Johannes Paul II. (1849-1988), Regensburg 1997, S.195-209.

9 Vgl. *A. Dittrich*, Mater Ecclesiae, Würzburg 2009; zu Paul VI. und seiner Proklamation: S. 687-700.

10 Zitat Pauls VI. (Signum Magnum, 1967) aus: Graber/Ziegenaus, S. 299-310, hier 300; vgl. auch *Dittrich*, Mater Ecclesiae, S. 716f.

11 Redemptoris Mater, Nr. 47 – zitiert nach: Graber/Ziegenaus, S. 412.

12 Andere apokalyptische Schriften wie die Petrus-Apokalypse oder der „Hirt des Hermas" wurden nicht in den ntl. Kanon aufgenommen, aber durchaus im Anhang der Codices überliefert. Allerdings war in der Väterzeit der kanonische Status der Offb lange kein Konsens, die Überlieferungsbreite ist geringer als bei sonstigen NT-Schriften; Hauptzeuge ist der griechisch verfasste Codex Alexandrinus (5. Jh.), der Offb 11,19 als Anfang des Textes von Offb 12,1-5 darbietet.

13 *K. Berger*, Die Apokalypse des Johannes. Kommentar in zwei Teilbänden, Freiburg 2017 (zu Offb 12: Tbd. 2, S. 852-948); zu den Fachtagungen (z. B. Innsbruck 2009 oder Parma 2002) vgl. das Literaturverzeichnis am Ende des Buches.

14 Vgl. *H.-U. von Balthasar*, Das gebärende Weib, in: Ders., Die Apokalypse, in: Die Bilder der Bamberger Apokalypse, Stuttgart 1980, S. 125.

15 *Felise Tavo*, Woman, Mother and Bride, Leuven 2007, S. 52. Greshake nennt dieses Buch eine sehr gründliche Arbeit zur Apokalyptischen Frau, teilt aber nicht das negative Fazit, wonach die marianische Interpretation von Offb 12 ein vom Text ungerechtfertigtes Hineinlesen wäre.

16 *K. Berger*, Die Apokalypse des Johannes, Freiburg 2017, Tbd. 2, S. 852.

17 Vgl. zu Offb 11,19: *Berger*, Die Apokalypse des Johannes, 2017, S. 847. Anfang des 13. Jahrhunderts hat Stephan Langton bei einer Vulgata-Reversion die heutige Kapiteleinteilung der Bibel eingeführt – im Codex Alexandrinus war Offb 11,19 noch mit dem Text von Offb 12 verbunden. *Hans-Georg Gradl* meint, dass die Abtrennung von Offb 11,19 im Hochmittelalter zugunsten einer klar mariologischen Deutung von Offb 12,1-5 erfolgt sei – vgl.: Die Gliederung der Offb und die Deutung der Himmelsfrau Offb 12, in: Ders. u.a. (Hg.), Am Ende der Tage, S. 27-29, hier S. 27.

18 Vgl. *K.-H. Menke*: Der „von den Vätern immer wieder explizierte Vergleich des Offenbarungszeltes bzw. der Bundeslade mit dem Schoß Marias" braucht nicht als „weit hergeholt" zu gelten, da mit Blick auf *2 Sam 6* offenkundig „Texte des AT dem Entstehen der lukanischen Mariologie zugrundeliegen", in: *Ders.*, Fleisch geworden aus Maria. Die Geschichte Israels und der Marienglaube der Kirche, Regensburg 1999, S. 35.

19 Auch *H.-G. Gradl*, schwärmt angesichts von Offb 12 (mit Offb 11,19) von einer „israeltheologischen Summa des Werks" – siehe: Gradl, a. a. O. 28. Es ist jedoch die Kirche als endzeitliches Volk Gottes, die mit der Apokalyptischen Frau gemeint ist – Israel ist durch Christus mit seinem Heiligen Rest in die Kirche eingegangen. Man kann bei diesen Überlegungen von Tavo oder Gradl eine latente Entchristianisierung des Neuen Testaments ausmachen, die wohl der Furcht vor dem Vorwurf eines Antijudaismus geschuldet ist, aber hermeneutisch keinen Sinn ergibt. In der Apokalyptischen Frau kulminiert die Geschichte Israels in dessen Tochter, Maria, dem Urbild und der Mutter der Kirche. Eine mariologische Deutung von Offb 12 samt Offb 11,19 ist gerade heute in der dreifachen Zusammenschau legitim, ja geboten.

20 Zu den inhaltlichen Gemeinsamkeiten und Unterschieden von Offb und Corpus Johanneum vgl. *K. Berger*, Offenbarung, in: Kommentar NT (2011), S. 985; Apokalypse I (2017), 78f.

21 Ich vertrete damit den gründlich erarbeiteten Standpunkt von *Ernest-Bertrand Allo* (Saint Jean, l'Apocalypse - Études biblique), Paris [4]1933 – und zwar hinsichtlich der Identität des Sehers mit dem Evangelisten u. Apostel Johannes als auch mit der zeitlich deutlichen Vorordnung der Offenbarung vor dem Evangelium. Vgl. *H.-L. Barth*, Exkurs: Ist der hl. Johannes, Apostel und Evangelist, der Verfasser der Apokalypse?, in: *Ders.*, Ipsa conteret, Ruppichteroth 2000, S. 209 f.

22 *O. Knoch*, Offb 12: Die apokalyptische Frau, in: W. Beinert u.a. (Hg.), Handbuch der Marienkunde, Regensburg 1984, S. 83 f.

23 Der griechische Osten kann *Offb 12* auch auf Maria hindeuten, auf die *Theotókos*, aber kaum auf die Kirche – im zweiten Jahrtausend wurde die patristische Doppeldeutigkeit Maria-Kirche nicht weiter entfaltet. Die Gottesgebärerin gilt als dienstbare Person der Menschwerdung Gottes, womit die Vergöttlichung des Menschen ermöglicht worden ist – vgl. *Anastasio Kallis*, Die Gottesgebärerin in der orthodoxen Theologie und Frömmigkeit, in: W. Beinert / H. Petri (Hg.), Handbuch der Marienkunde, Regensburg [2]1997, Bd. 1, S. 377 f.

24 Vgl. *K. Berger*, Die Offenbarung des Johannes, in: *Ders.*, Kommentar zum NT, Gütersloh 2011, S. 983; der erste aufgeführte Offb-Kommentar stammt von Victorinus v. Pettau (+ 304), der letzte von Heinz Giesen (1994).

25 *H. Rahner*, Maria u. die Kirche, Innsbruck 1951, Kap. „Apokalyptische Frau", S. 105-115, hier 106.

26 Ebd. 106.

27 *Andreas v. Caesarea*, PG 106, 320; vgl. *Fr. Hofmann*, Zeitgenössische Darstellungen, S. 116; zu Methodius vgl. *Rahner*, Maria und die Kirche, 108.

28 Ähnlich interpretiert Andreas von Caesarea im 4. Jh. Offb 12 marianisch. Allerdings gibt es auch Überlegungen, ob es sich um Verfälschungen in der Überlieferung handeln könnte – so *Jörg Schlechl*, Die Kommentierung von Apokalypse 12 im antiken Christentum, Innsbruck 2020.

29 *H. Rahner*, Maria und die Kirche, Innsbruck 1951, S. 108.

30 Vgl. *Monighan-Schäfer*, a. a. O. 122 f.

31 *Rahner*, Maria und die Kirche, 109; vgl. *Alkuin*, Commentaria in Apoc. libri V: PL 100, 1152 f.

32 Ebd. 110; *Rupert von Deutz*, Commentarium in Apoc VII,12. Vgl. auch *Dittrich*, Mater Ecclesiae (2009), S. 163 f.

33 Vgl. *Fr. Hofmann*, Zeitgenössische Darstellungen, 116.

34 *Rupert*, Commentaria in Joannis Apostolis (1114 veröffentlicht) – zu Joh 16,21 (PL 169, 789C.790B); vgl. *Dittrich*, Mater Ecclesiae (2009), S.162 f.

35 Ebd. 111.

36 Ebd. 113.

37 Vgl. *Fr. Hofmann*, Zeitgenössische Darstellungen, S. 117.

38 Neben einer Jazz-Vertonung gibt es als Auftragsarbeit für die Regensburger Domspatzen eine neue Vertonung zu vier Stimmen von Enjott Schneider (München 2015, Strube-Verlag).

39 *M. Reich-Ranicki*, Der Kanon deutschsprachiger Literatur, Band 1 (Mittelalter bis 17. Jh.), Frankfurt 2002.

40 Vgl. hierzu *A. Dittrich*, Protestantische Mariologie-Kritik. Histor. Entwicklung bis 1997 und dogmatische Analyse, Regensburg 1998, S. 37-41 (Die Lutherische Marienrede).

41 Der Text dieses „Kirchenliedes“ findet sich in der Weimarer Ausgabe: WA 35, 462f; vgl. auch: *Markus Jenny*, Luthers geistliche Lieder und Kirchengesänge. Vollständige Neuedition in Ergänzung zu Band 35 der Weimarer Ausgabe, AWA 4, Köln / Wien 1985, S. 111ff u. S. 292ff.

42 *H.-U.von Balthasar*, In der Wüste – Das Weib und der Drache, in: *Ders.*, Maria für heute, Freiburg 1987, S. 7-20.

43 Ebd. 7.

44 Ebd. 8.

45 Ebd. 9.

46 *H.-U. von Balthasar,* Die Apokalypse (darin: Das gebärende Weib, S. 125 f.), in: Die Bilder der Bamberger Apokalypse. Mit Interpretation von Hans Urs von Balthasar (Teilfaksimile der Bamberger Apokalypse, mit 49 Bildern), Stuttgart 1980. Dieser Bildband wurde 1985 erneut herausgegeben vom Informationszentrum „Berufe der Kirche“: „Ja, ich komme bald“. Die Endzeit im Licht der Apokalypse (mit 49 Bilder aus der Bamberger Apokalypse), Stuttgart 1985. Der Johannes-Verlag hat den Text ohne Bilder erneut veröffentlicht: Das Buch des Lammes – Zur Offenbarung des Johannes, Einsiedeln-Freiburg 2004.

47 *Von Balthasar*, Die Bilder der Bamberger Apokalypse, Stuttgart 1980, S. 125.

48 Ebd. 125.

49 Ebd. 125.

50 Ebd. 125.

51 Ebd. 126.

52 *F. Mußner*, Maria, die Mutter Jesu im Neuen Testament, St. Ottilien 1993, S. 41; der Exeget aus Passau erläutert die marianische Deutung von Offb 12 ausführlich im Kapitel „Sonnenweib und Drache", S. 119-155.

53 *E. Haag*, Ein großes Zeichen am Himmel. Tradition und Interpretation in Offenbarung 12, in: TrThZ 121 (2012) 1-23, hier S. 8.

54 Ebd. 9.

55 Ebd. 9.

56 Ebd. 14.

57 Ebd. 16.

58 Ebd. 21.

59 Ebd. 23.

60 Angelus Benedikts XVI. vom 15.8.2007 in Castel Gandolfo (vgl. www.vatican.va, Aufruf am 10.2.2022; Copyright bei: Libreria Editrice Vatianca); Text teilweise abgedruckt in: Maria. Papst Benedikt XVI. über die Gottesmutter, Augsburg 2008, S. 123. Auch beim früheren Angelus, am 15.8.2006 in Castel Gandolfo, sprach Papst Benedikt über Maria als Apokalyptische Frau, wenn auch knapper – vgl. www.vatican.va (Aufruf am 10.2.2022). Vgl. auch die diesbezügliche Darstellung von *M. Hofmann*, Überlegungen zur mariologischen Auslegung von Offb 12, in: Spes nostra firma, Münster 2009, S. 139-163, hier S. 161 ff.

61 *K.-H. Menke*, Maria in der „Geheimen Offenbarung"?, in: *Ders.*, Fleisch geworden aus Maria, Regensburg 1999, S. 57-60.

62 *Markus Hofmann*, a. a. O. 150 (Fußnote 60).

63 *G. Greshake*, Maria – Ecclesia, Regensburg 2014, § 4: Maria in der Offenbarung des Johannes?, S. 93-97.

64 Ebd. 96f.

65 *Dieter Böhler*, Maria - Tochter Zion: die Bedeutung der Mutter Jesu nach der Heiligen Schrift, in: Geist und Leben 78 (2005) 401-412.

66 Ebd. 404.

67 *H. Derckx*, Die Muttergottes – Die Erfüllung des Weibes der Offenbarung, Paderborn 1933, S. 186; das Zitat im Text stammt aus Scheebens Dogmatik, Bd. 3, Nr. 1531.

68 Zur Scheebens Begriff der Perichorese im Hinblick auf Maria und Kirche vgl. *Achim Dittrich*, Mater Ecclesiae. Geschichte und Bedeutung eines umstrittenen Marientitels, Würzburg 2009, Kap. 3.7.4 „Mathias Joseph Scheeben: Mutter und Herz der Kirche", S. 406-437, besonders 425.

69 Allgemeine Standardwerke zu dieser Fragestellung: *Johanna Monighan-Schäfer*, Offenbarung 12 im Spiegel der Zeit. Eine Untersuchung theologischer und künstlerischer Entwicklungen anhand der apokalyptischen Frau, Saarbrücken 2012, Marburg 2005.
Kunsthistorisch umfangreich, mit guter Illustration (bis 16. Jh.): *Gertrud Schiller*, Ikonographie der christlichen Kunst, Bd. 5, 1 u. 2: Die Apokalypse des Johannes (Text- und Bildteil), Gütersloh 1990/91 (Bd. 5,2 - Kap. 12: „Die von der Sonne bekleidete Frau und der Drache – Die Rettung des Kindes und die Flucht der Frau in die Wüste", S. 99-109, Abb. S. 444-460); d*ies.*, Das apokalyptische Weib oder das von der Sonne umkleidete Weib (Mulier amicta sole) Apk 12, in: Ikonographie der christlichen Kunst, Bd. 4,1 (Kirche), Gütersloh 1976, S. 77-84.
Frits van der Meer, Apokalypse. Die Visionen des Johannes in der europäischen Kunst, Freiburg u.a. 1978 (Bildband im Großformat, 368 S.).
Die Artikel zur Apokalypse und zur Apokalyptischen Frau im Lexikon der Christlichen Ikonographie (LCI), Bd. 1 (Freiburg 1971).

70 Es handelt sich bei der Arbeit von *Johanna Monighan-Schäfer*: „Offenbarung 12 im Spiegel der Zeit. Eine Untersuchung theologischer und künstlerischer Entwicklungen anhand der apokalyptischen Frau" (Saarbrücken 2012, 248 S.) um eine Dissertation von der Universität Marburg, 2005, die auch im Internet bei der Dt. Nationalbibliothek verfügbar ist: https://d-nb.info/97598957X (Zugriff am 19.0.2022).

71 Eine gute Übersicht über die Offb-Handschriften (und Fresken) bietet: *G. Schiller*, Ikonographie der christlichen Kunst, Bd. 5, 1: Die Apokalypse des Johannes (Textteil), Gütersloh 1990.

72 Der Benediktiner Beatus gehörte zum Konvent San Martìn de Turieno im Tal Liébana im Königreich von Asturien (Nordspanien); er korrespondierte mit

Alkuin in Aachen. Der Kommentar zur Apokalypse ist sein Hauptwerk: in zwölf Büchern (um 776) erläutert er in Form einer Katene den lateinischen Offb-Text. Er ist ab dem neunten Jahrhundert in 34 Handschriften und Fragmenten über sieben Jahrhunderte hinweg kopiert worden; die illuminierten Exemplare werden einfach „Beatus“ genannt.

73 Bekannt sind die illuminierten Beatus-Kommentare, die in Gerona, Lissabon und New York sowie im Escorial aufbewahrt werden; sie sind vom 9. bis 16. Jahrhundert entstanden; es gibt insgesamt 26 bekannte illuminierte Beatus-Kommentare. Vgl. *R. Chadraba*, Der spanische Bilderkreis, in: LCI Bd. 1, Sp. 127f.

74 Monighan, a. a. O. 11.

75 Vgl. die Schilderung bei *Monighan-Schäfer*, a. a. O., S. 14-16 (Kap. 2.2.4).

76 Vgl. die ausführliche Darstellung „Die Bamberger Apokalypse“ bei *Monighan-Schäfer*, a. a. O., S. 17-28 (Kap. 2.3).

77 Vgl. die spezielle Darstellung „Die Apokalyptische Frau“ (Kap. 2.3.4) bei *Monighan-Schäfer*, a. a. O., S. 22-28.

78 Vgl. Monighan-Schäfer, a. a. O. 70: „Der ottonische Stil tritt am konsequentesten in den Miniaturen der Reichenauer Schule seit 990 hervor. Ihre Kleidung mit Gürtel und das Fehlen eines Schleiers sind typisch für die Ekklesia-Darstellung (Ekklesia unter dem Kreuz)“.

79 Monighan-Schäfer, a. a. O. 23.

80 Vgl. bei Monighan-Schäfer, Abb. 4 (Baptisterium der Kathedrale von Novara) und Abb. 9 (San Pietro al Monte); vgl. die Feststellung von Fr. Hofmann: Hier „wird zum ersten Male das Kind der apokalyptischen Frau als Erlöser bezeichnet und die Figuration an byzantinische Geburtsdarstellungen angelehnt“ (Zeitgenössische Darstellungen, S. 117). Vgl. auch *G. Schiller*, Ikonographie der christl. Kunst, Bd. 4,1 (Kirche), S. 273 (Abb. 200)

81 Die Darstellung in Saint Savin-sur-Gartempe zeigt den Seher, die Bundeslade, die Frauengestalt mit Kind und einen großen Drachen (um 1100); vgl. *R. Chadraba*, LCI Bd. 1, Sp. 128 f. (mit Abb.); vgl. *G. Schiller*, Ikonographie der christl. Kunst, Bd. 4,1 (Kirche), S. 272 (Abb. 196).

82 Apk-Szenen finden sich auch in der Kirche St.-Michel-d'Aiguilhe in Le Puy (12. Jh.); vgl. *R. Chadraba*, LCI Bd. 1, Sp. 128.

83 Vgl. Abb. der Apokalyptischen Frau (Ecclesia) im Braunschweiger Dom bei *G. Schiller*, Ikonographie der christlichen Kunst, Bd. 4,1 (Kirche), Gütersloh 1976, S. 287 (SW-Abb. 253).

84 Zur Wertung dieser Initialschmuck-Figur (Rupert-Kodex von Heiligenkreuz) als früher Madonnentypus vgl. *E. Vetter*, Mulier amicta sole, S. 36. Als gemalte Initiale findet sich die gleiche Darstellung in einem oberrheinischen Psalter aus dem 13. Jh. (Mainz) – vgl. *G. Schiller*, Ikonographie der christl. Kunst, Bd. 4,1 (Kirche), S. 274 (Abb. 204).

85 Der *Liber Floridus*, die wohl wichtigste Enzyklopädie ab dem Hochmittelalter, wurde vom Kanoniker Lambert von Sankt-Omer (ehem. Kloster im heutigen fr. Department Pas-de-Calais) geschaffen, um 1120. Diese Enzyklopädie aus Flandern befindet sich in der Universitätsbibliothek von Gent und bietet eine kolorierte Miniatur zu *Offb 12;* eine Kopie aus der Wolfenbüttler Herzog-August-Bibliothek ist digitalisiert abrufbar.
Die Darstellung der Apokalyptischen Frau erfolgt in einem zweigeteilten Bild: Ein roter Drache bedrängt auf Wellenbögen die blau gewandete, mit Wickelkind thronende Frau und fegt mit seinem Schwanz rote Sterne vom Himmelskreis. Die königliche Frau weist hinter sich eine vielstrahlige, rötliche Sonne auf sowie einen Sternennimbus um das Haupt. In der oberen Bildhälfte ist links der Seher von Patmos mit Beitext dargestellt, rechts ein Sternenring, der das himmlische Jerusalem nach unten abgrenzt. Eine Hand zieht einen nackten Knaben (ähnlich der Bamberger Apokalypse) in diese himmlische Sphäre, in der eine Stadt mit Tempel zu sehen ist, samt Bundeslade.

86 Die Originalhandschrift verbrannte 1870 in Straßburg, aber ein hochwertiges Faksimile von 1818 ist erhalten – vgl. *Rosalie Green, Michael Evans, Christine Bischoff, Michael Curschmann* (Hg.), Herrad of Hohenbourg – Hortus deliciarum (= Studies of the Warburg Institute, 36), Bd. 1: Commentary, Bd. Reconstructions, Leiden 1979; *Maria Heinsius*, Der Paradiesgarten der Herrad von Landsberg. Ein Zeugnis mittelalterlicher Kultur- und Geistesgeschichte im Elsaß, Freiburg/Paris 1968; *Otto Gillen*, Ikonographische Studien zum Hortus Deliciarum der Herrad von Landsberg, Berlin 1931.

87 Das Kloster Scheyern (bei Pfaffenhofen/nördliches Oberbayern) war ab dem 12. Jh. zum Hauskloster der Wittelsbacher avanciert. Der gebildete Priestermönch

Konrad („Conradus Sacerdos", im Kloster ca. von 1210 bis 1241) hat einige Schriften verfasst und manche davon illustriert; sie befinden sich alle in der Münchener Staatsbibliothek: Glossar Salomons von Constanz, Altherthümer der Juden (Flavius Josephus), Historia scholastica (Comestor) und das *Liber Matutinalis.* Zeitgleich mit diesem Künstler-Literaten amtierte Abt Konrad von Luppurg (1206 bis 1226) in Scheyern, der als Auftraggeber gilt – siehe bei Monighan-Schäfer das Kapitel 3.7: *Das Matutinalbuch aus Scheyern*, a. a. O., S. 74-80.

88 So schreibt der Historiker Sigmund von Riezler: „Die Steifheit des byzantinischen Stils beginnt sich in diesen Bildern zu lösen, die einen zwar oft handwerksmäßigen, doch gewandten, eigener Einfälle fähigen, ja zuweilen in der Einfachheit großartigen Stil verrathen" (Allg. Dt. Bibliographie, Bd. 16, 1882, S. 651).

89 Vgl. *O. Steinmann*, Art. „Apokalyptische Frau" (Kunstgeschichte), in: MarLex I (1988) 191f, hier 193. Die vier Miniaturen (fol. 14-17) zeigen nach der Apokalyptischen Frau eine Kreuzigungsszene, die Himmelfahrt Christi sowie die Verherrlichung Mariens. Vgl. die ähnlichen Wertungen bei *Fonrobert*, LCI Bd. 1, 148, und *Vetter*, Mulier amicta sole, S. 36ff.

90 Albert Böckler: „Die hierdurch veranschaulichte Parallele: Apokalyptisches Weib = Maria, ihr Sohn = Christus, ist der Patristik ganz geläufig. Der Sinn aber ist dieser: Maria entrinnt dadurch, daß sie als reine Jungfrau Mutter wird, zusamt ihrem Sohn dem Drachen der Erbsünde" (Zur Conrad von Scheyern-Frage, in: Jahrbuch für Kunstwissenschaft 1, 1923, S. 83-102, hier, S. 93).

91 *Monighan-Schäfer*, a. a. O. 77: „Die metrische Umschrift von fol. 14 r. gibt dem Betrachter die Anweisung, sie nicht als wörtliche Apokalypsen-Illustration zu sehen, sondern den tieferen, mystischen Sinn zu erfassen".

92 Vgl. *Kopp-Schmidt*, Das Bild der Gottesmutter in der Buchmalerei, Freiburg 1992, S. 82f; auch bei: *Monighan-Schäfer*, Abb. 16. Aus dem 13. Jh. gibt es ein Pariser Apokalypsen-Manuskript, dessen Zeichnungen sehr ähnlich, aber nicht koloriert sind. Ebenso ist die sog. Morgan-Apokalypse (New York, Pierpont Morgan Library, Ms. 524) der Douce-Apokalypse recht ähnlich.

93 In der Kirche *S. Maria Mater Domini* in Venedig findet sich ein Marmorrelief der Platytera (Maria vom Zeichen, aus der Blachernen-Kirche in Konstantinopel), das vom Beginn des 13. Jh.s stammt und ein Sonnenmedaillon mit Christusknaben vor dem Leib Mariens zeigt, allerdings ohne Motive aus *Offb 12*; vgl. *Fr. Hofmann*, Zeitgenössische Darstellungen, S. 117.

94 *Kopp-Schmidt*, Maria. Das Bild der Gottesmutter in der Buchmalerei, Freiburg 1992, S. 83.

95 *Achim Hubel u. Manfred Schuller*, Der Regensburger Dom. Das Hauptportal, Regensburg 2000, S. 4, sowie Achim Dittrich in: *J. Kreiml, M. Baumann u. A. Dittrich (Hg.)*, „Die Schönste von allen". Hausmadonnen und Mariendarstellungen in den Straßen von Regensburg, Regensburg 2022, S. 86f.

96 Vgl. *Regina Pock*, Die Frauenkirche zu Nürnberg, Passau 2015, S. 25f. 2008 erfuhr die Strahlenkranz-Madonna eine gründliche Reinigung. Ihre Geschichte ist so bewegt wie die des berühmten Engelsgrußes in der St. Lorenz-Kirche, der auch zu Beginn des 16. Jahrhunderts geschaffen und aufgehängt worden war. Bereits 1525 wurde in Nürnberg die Reformation eingeführt und die beiden markanten Mariendarstellungen entfernt. Die Frauenkirche war dann bis 1810 eine protestantische Predigerkirche, in der eine Marienkrönung deplatziert erschien. Erst im 19. Jahrhundert kam die Strahlenkranz-Madonna wieder zur Aufstellung. Hinzuweisen ist auf den Pergenstorffer Epitaph von Adam Kraft (1498), ebenfalls in der Frauenkirche zu Nürnberg – Kraft hat sich offensichtlich für seine Schutzmantelmadonna an der gotischen Schönen Madonna, die die Strahlenkranzmadonna ursprünglich war, orientiert, besonders sichtbar beim Jesuskind und den Händen Mariens; Krafts Darstellung ist bewegter und gelöster als das gotische Vorbild (vgl. Abbildung bei *Pock*, Frauenkirche, S. 34).

97 Vgl. zur Hausmadonna am Kassiansplatz von Regensburg (Pfauengasse 11) Achim Dittrich in: *J. Kreiml u.a. (Hg.)*, Die Schönste von allen, Regensburg 2022, S. 115 ff. Das Jesuskind auf Mariens Arm fasst mit der einen Hand an das Brotstück, mit der anderen weist es auf sich selbst, gemäß von *Joh 6,35*: Ich bin das Brot des Lebens!

98 Straßburger Bibel, 1485, gedruckt von Johann Grüniger; der Holzschnitt zum Apokalyptischen Weib findet sich bei *Monighan-Schäfer*, Abb. 25.

99 Vgl. die Ausführungen des Dürer-Fachmanns Rudolf Chadraba: Deutscher Bilderkreis, in: LCI Bd. 1, Sp. 132-138.

100 *Rainer Schoch* (Vorwort), Albrecht Dürer, Marienleben. Hg. von Anna Scherbaum u.a., München u.a. 2009, S. 6. Der schöne Band präsentiert und kommentiert den Zyklus von Dürers Marienleben, mit dem er international berühmt geworden ist.

101 Vgl. die Ausführungen von *Anna Scherbaum*, Albrecht Dürer, Marienleben, S. 9-14.

102 Vgl. bei Monighan-Schäfer: Hans Holbein, Illustration zu Apk 12 (1523, Holzschnitt) – Abb. 31; ebd. Abb. 30: Lukas Cranach, „Septembertestament“ (1522, Holzschnitt). Weitere Beispiele für Holzschnitte zu Offb 12 sind Matthias Gerung (1547) – Monighan-Schäfer Abb. 37; Luthers Vollbibel von 1534 (Abb. 36) und Georg Lembergers Holzschnitt von 1524 (Abb. 35); vgl. zu Burgkmair d. Ä. (Holzschnitt von 1523, Augsburg) *G. Schiller*, Ikonographie der christl. Kunst, Bd. 4,1 (Kirche), S. 274 (Abb. 201).

103 Vgl. A. Dittrich zur Strahlenkranzmadonna von Niedermünster, in: *Kreiml u.a. (Hg.)*, Die Schönste von allen, Regensburg 2022, S. 94 ff.

104 Das Gemälde „Apokalyptische Frau und Höllensturz“ von Rubens hängt im Original heute in der Alten Pinakothek in München; in Freising hängt eine gute Kopie von Emil Böhm von 1924.

105 Vgl. A. Dittrich zur Figur der *Maria de Victoria* in Regensburg (Obere Bachgasse 7), in: Kreiml u.a. (Hg.), Die Schönste von allen“, Regensburg 2022, S. 126 ff.

106 Hausmadonna in Stadtamhof, An der Schierstadt 3 – vgl. A. Dittrich, in: Kreiml u.a. (Hg.), Die Schönste von allen“, S. 216 f.

107 Eine genaue Beschreibung findet sich auf der Pfarrei-Homepage von Wien-Hetzenberg: https://www.pfarre-hetzendorf.at/unsere-kirche/fuchsbilder-rosenkranz/ (Zugriff 26.3.2022).

108 Vgl. die Abbildung und Erläuterung bei Monighan-Schäfer (Abb. 61: Neuss; Abb. 59: Tappisserie St. Stephanus, Karlsruhe, 1963; Abb. 62: Aquarell der Apokalyptischen Frau mit Drachen, 1992).

109 Vgl. die Pfarr-Homepage: https://www.pfarrei-nittenau.de/fotos/das_marienfenster_1181.php; Näheres dazu von Carolin Schmuck, in: Blätter zur Ortsgeschichte 5/2011 (Stadtmuseum Nittenau).

110 Vgl. die Abbildung und Erläuterung bei Monighan-Schäfer (Abb. 58: Seckauer Fresken, 1952-60, Herbert Boeckl; Abb. 63: Die Apokalypt. Frau und das Kreuz, 1988-93 von Hermann Gottfried in der Nordkonche von St. Aposteln in Köln). Das Fresko von Peter Hecker in Köln-Hohenlind ist abgebildet bei *F. Hofmann*, Zeitgenössische Darstellungen, S. 150; dieser Band bespricht und dokumentiert viele Kirchenausgestaltungen zum Thema der Apokalypse nach 1949.

111 Der Mariengruß ist entnommen aus: *Rudolf Graber*, Fátima. Bischof Graber deutet die Botschaft. Hg. vom IMR, Würzburg 1987, S. 72f.

Bildnachweis

Der Autor dankt dem Institutum Marianum Regensburg für die Überlassung der Fotos der Mariendarstellungen aus Regensburg. Die weiteren Abbildungen sind allgemeinfreie Fotos aus dem Internet, gefunden bei Wikicommons.
Bei einigen Fotos konnten wir die Urheberquelle nicht ermitteln. Gegebenenfalls sollen sich die Rechte-Inhaber beim Verlag melden.

Der heilige Johannes Baptist auf Patmos" (Hans Baldung, ca. 1511, 89,5 x 76,8 cm, Öl auf Holz, Metropolitan Museum of Art, New York) S. 8

Beatus-Apokalypse von Gerona (Museo de la Catedral, Ms. 7, Folio 171 r, zzgl. Folio 172 v) S. 32

Trierer Apokalypse (um 800, Trierer Stadtbibliothek, Codex 31, Folio. 37 v) – einige Seiten später erscheint erneut diese Konstellation, wobei der Drache Wasser speit (Folio 39 v.). S. 33

Bamberger Apokalypse (nach 1002, Staatsbibliothek Bamberg, Ms. 140, Folio 21) – auf Folio 23 findet sich die Szene: die Apokalyptische Frau entschwebt waagrecht, während der Drache Wasser speit.
S. 35

E-Initiale des Apk-Kommentars des Rupert von Deutz (Heiligenkreuz, Stiftsbibliothek Ms. 83, fol. 100 r.). S. 38

Hortus Deliciarum (Straßburger Original zerstört - Faksimile von Christian Moritz Engelhardt, Stuttgart 1818). S. 39

Apokalyptische Frau mit Drachen (Bayerische Staatsbibliothek München, Liber matutinalis, Codex Lat. 17401, fol. 14 r, 1206-1225). S. 41

Douce-Manuskript (um 1272, Bodleian Library Oxford, Ms.180, fol. 33 v/ 43v). S. 42

Krumauer Bilderkodex – Titelblatt „Apokalyptische Frau" (Österreichische Nationalbibliothek, Wien, Codex 170, fol 1 r). S. 44

Mariengloriole (Tympanon des Westportals der Kathedrale St. Peter, Regensburg, Anfang 15. Jh.) S. 45; Foto: Florian Monheim, Rechte beim Domkapitel Regensburg.

Sonnen-Madonna in der Frauenkirche Nürnberg
(über dem Tucher-Altar im Chor, um 1440, 2009 restauriert). S. 46